Klaus Eckel

In meinem Kopf möchte ich nicht wohnen

KLAUS ECKEL

IN MEINEM KOPF MÖCHTE ICH NICHT WOHNEN

ueberreuter

Danke, dass Sie sich für unser Buch entschieden haben!
Sie wollen über unser Programm auf dem Laufenden bleiben sowie
über Neuigkeiten und Gewinnspiele informiert werden?
Folgen Sie uns auf Social Media oder abonnieren Sie unseren
Newsletter.

5. Auflage 2025
© 2025 Carl Ueberreuter Verlag GmbH
Frankgasse 4 | 1090 Wien
produktsicherheit@ueberreuter.at
ISBN 978-3-8000-7887-5

Covergestaltung und Satz: Lisa Wilfinger | Carl Ueberreuter Verlag
Coverfoto: Johannes Zinner
Druck und Bindung: Finidr Ltd., Ceský Tesin

www.ueberreuter.at

Trigger-Warnung:
Dieses Buch beinhaltet inhaltsschwere Leichtigkeit,
gepaart mit ernsthaftem Witz.

Für das Finanzamt
(Weil ich immer mit euch rechnen darf)

INHALT

VORWORT

Wenn der Kopf mit Gedanken überschwappt, wird der Mund zum Überlaufbecken. Das können die Besucher meiner Kabarettprogramme vermutlich bestätigen. Doch auch hinter dem Bühnenvorhang dreht sich mein Synapsenkarussell unermüdlich weiter. Zu Hause angekommen, glüht dann oft bis zum Morgen noch die Computertastatur. Meine tippenden Finger sind sozusagen Gedankenblitzableiter.

Natürlich bedeutet das nicht, dass jeder Gedanke, der meinem Kopf entspringt, von erleuchtender Klugheit zeugt. Doch auch der dumme Gedanke erfährt bei mir keine Diskriminierung. Immerhin bringt er mich viel häufiger zum Lachen als sein smarter Kollege.

Das menschliche Gehirn hat den undankbarsten Job der Welt. Es muss unzählige Meinungen, Werte, Sinneseindrücke und Gefühle irgendwie zusammenhalten. Da müssen unter einer Schädeldecke Tausende Widersprüche auf engstem Raum zusammenleben. Aufgrund dieser Leistung ist der menschliche Kopf wahrscheinlich das beste Beispiel für gelungene Integration.

Seit vielen Jahren gieße ich die meinem Gehirn entsprungenen Gedanken in Kolumnen, Geschichten, Pointen und Gedichte. Manches davon wurde bereits veröffentlicht, doch für vorliegendes Buch habe ich sämtliche dieser Beiträge bis zur Unkenntlichkeit überarbeitet.

Die meisten Texte sind kurz. Man kann sie entweder aufmerksam hintereinander lesen oder bei aufkeimender Langeweile weiterwischen. Für die einen bleibt es damit ein Buch, für die anderen ist es vielleicht TikTok zum Blättern.

Übrigens, falls Sie diese ersten drei Absätze ohne Unterbrechung zu Ende gelesen haben, möchte ich Ihnen gleich aus zwei Gründen gratulieren. Erstens können Sie sich für die heutige Zeit überdurchschnittlich lange konzentrieren und zweitens gehören Sie zu einer vom Aussterben bedrohten Spezies: jener der Buch-Lesenden.

Im Zeitalter von VR-Brillen, Smartwatches und selbstfahrenden Autos wirken auf Papier gedruckte Worte eingeschlossen von zwei Pappdeckeln so modern wie eine Stereoanlage mit Doppelkassettendeck.

Ich hoffe, dieses antiquarisch anmutende Druckerzeugnis, das Sie jetzt in Händen halten, beschenkt Sie mit mindestens der Hälfte des Vergnügens, das ich beim Verfassen hatte.

Herzlichst
Ihr Humor-Nahversorger aus der Region
Klaus Eckel

DAS SONNIGE GRÜBELZIMMER

FAKTEN SIND FÜR MENSCHEN OHNE VORSTELLUNGSKRAFT

Meiner Selbsteinschätzung nach bestehe ich zu 10 Prozent aus Wasser und zu 90 Prozent aus Ausreden. Deswegen beschloss ich neulich, einer psychologischen Tagung beizuwohnen, und lauschte einem Vortrag über Prokrastination. Ein Redner erzählte, dass ihn jahrelang, wenn er bei einem Wäschekorb mit nicht gebügelter Kleidung vorbeiging, das schlechte Gewissen plagte. Bis vor wenigen Wochen das im Wäschekorb befindliche Gewand tatsächlich zu ihm sprach. Laut seiner Aussage riefen ihm die Kleidungsstücke zu: „Wir sind noch nicht bereit, gebügelt zu werden!" Ich kippte vor Lachen beinahe vom Stuhl. Leider als Einziger. Der Rest des Publikums hing weiterhin gebannt an den Lippen des „Hosenflüsterers".

In einem Nebensatz erwähnte der Anti-Aufschiebungs-Guru, dass er jetzt die früher verschwendete Bügelzeit zum Pilzesammeln nutze. Da dürfte ihm wohl einige Male statt einem Parasol ein Magic Mushroom ins Körbchen gerutscht sein. Doch die Idee ist genial. Das Erledigen meiner Buchhaltung habe ich jetzt um einen weiteren Tag verschoben. Bereits nach drei Gin Tonics sprachen die Belege zu mir: „Wir sind noch nicht bereit, gelocht zu werden." Die Realität ist sowieso nur ein Vorschlag. Meine Kenntnisse in der

Quantentheorie sind ungefähr so fundiert wie die eines Maulwurfs über die richtige Wahl von Sonnencreme, doch eines habe ich mir gemerkt: Die Beobachtung beeinflusst den Gegenstand. Seitdem hat sich für mich jeder Depp zum Quanten-Depp weiterentwickelt. Er ist nur ein Depp, solange ich hinschaue. Im Straßenverkehr ist diese Einstellung durchaus hilfreich.

Vielleicht existiert auch weltweit kein einziger dummer Mensch, sondern lediglich Gehirne, die ihren Besitzern unablässig zuflüstern: „Ich bin noch nicht bereit, verwendet zu werden."

DiE ERWARTUNGSFALLE

Im Haushalt ist der Kühlschrank oft das Epizentrum der Unzufriedenheit. Immer wieder öffne ich ihn voller Hoffnung und schließe ihn danach enttäuscht. Nur zehn Minuten später wiederhole ich diesen Vorgang.

Ein Phänomen, welches ich Kühlschrank-Demenz nenne. Diese Vergesslichkeit darüber, dass nichts drinnen ist. Vielleicht überprüfe ich auch nur, ob meine Ansprüche ausreichend gesunken sind, um das vorhandene Angebot zu verzehren. Um meine Enttäuschung zu mildern, habe ich ein Foto von unserem leeren Kühlschrank auf die Vorderseite geklebt. Mittlerweile lassen mich selbst eine vergraute Essiggurke und ein abgelaufenes Himbeerjoghurt in Jubel ausbrechen.

Ärger entsteht eben immer aus der Kluft zwischen Erwartung und Realität. Das trifft nicht nur auf Kühlschränke, sondern auch auf Kinder zu. Anfangs ist der Nachwuchs meist ein Ultraschallbild, auf das sich die Eltern freuen.

Doch spätestens in der Pubertät reift die Erkenntnis, dass der Nachwuchs die Freude über die Existenz der Eltern nicht unbedingt teilt. Man sollte also seine Erwartungen von Anfang an zurückschrauben. Die Erziehung kann als gelungen betrachtet werden, wenn aus dem Ultraschallbild kein Fahndungsfoto wird. Alles andere ist Bonusglück.

Politiker stolpern regelmäßig über ihren selbst gesäten Optimismus. In den letzten Jahren las ich unzählige Male auf Wahlplakaten: „Der neue Weg" und „Anstand, Haltung, Respekt". Nur wenige Monate später hätte man diese Plakate mit einem „Achtung Satire!"-Sticker kennzeichnen müssen. Ich wäre mir gegenüber viel skeptischer. Auf meine eigenen Wahlplakate würde ich drucken lassen: „Unfair, aber zu allen" und „Korrupt, korrupter, Eckel". Zumindest könnten meine Wähler später über mich sagen: „Man kann ihm viel vorwerfen, aber ehrlich war er."

WEISHEIT TO go

Immer wieder begegnet mir der Ratschlag: „Liebe dich selbst, sonst kannst du niemanden anderen lieben." Das bezweifle ich. Mohntorte, Lissabon und meine Kinder liebe ich unentwegt. Mir selbst gegenüber scheinen die Schmetterlinge im Bauch einen Ausgang gefunden zu haben. Durchaus häufig enden meine Selbstgespräche mit den Worten: „Du hörst von meinem Anwalt!"

Ich behaupte, dass es jedem halbwegs reflektierten Menschen schwerfällt, sich ruhig vor den Spiegel zu stellen und nach einer halben Stunde der inneren und äußeren Selbstbetrachtung noch immer zu denken: Wow! Das gelingt wahrscheinlich nur, wenn man männlich ist, Amerikaner, als Frisur ein totes Eichkatzerl am Kopf trägt und sich für das Präsidentenamt bewirbt. Ich glaube, um mich zu lieben, müsste ich mich weniger kennen. Und sich sich selber schönzutrinken, ist vermutlich der Leber nicht zumutbar.

Genauso fragwürdig finde ich den überstrapazierten Hinweis: „In jeder Krise steckt eine Chance!" Ein Satz, den ich als Kapitän der Titanic den Passagieren nicht zugerufen hätte. Als Zyniker hätte er nur noch hinzufügen können: „Ihr lernt jetzt alle Eisschwimmen." Manchmal steckt in der Krise auch nur eine Krise. Vielleicht ist es ein Merkmal der Gegenwart, dass wir inzwischen sogar versuchen, Niederlagen zu optimieren.

„Sei einfach du selbst!" Bitte nicht! Internetforen sind voll mit Menschen, die sich hinter Pseudonymen wie Mifrogtjakaner74 verstecken und die Allgemeinheit mit ihrem authentischen Ich belästigen. Ich plädiere dafür, dass jeder Mensch einen inneren Außenminister beschäftigt, der die Botschaften aus dem Gehirn annehmbar und vorstrafenfrei für den Mund aufbereitet.

Übrigens, wenn ich mich nicht wasche, dann rieche ich authentisch. Mein Sitznachbar im ÖBB-Speisewagen ist mir vermutlich dankbar, wenn ich mein authentisches Ich hinter etwas Duschgel verberge. Wenn mir eine einzige komprimierte Weisheit im Leben wirklich weitergeholfen hat, dann diese: „Sorgen sind wie Spaghetti. Man macht sich immer zu viel davon."

ANTiANTiAGiNG

Ich bin jetzt stolzer Besitzer einer Körperfettwaage. Vorgestern zeigte sie mir nach der Messung beim biologischen

Alter die Zahl 37 an. Dieses Kompliment machte mich derart verlegen, dass ich meiner Waage gleich zwei neue Batterien spendierte. Bei der Messung am darauffolgenden Tag stand beim biologischen Alter: 46. Ich bin in nur einer Nacht um neun Jahre gealtert. Meine alten Batterien waren eindeutig charmanter. Dabei absolvierte ich am Tag davor eine Mountainbike-Tour. Offenbar sandte mein Radcomputer an die Waage die Botschaft: „So wie der fährt, wird der nicht alt." Da ich befürchte, dass mir meine Waage in wenigen Tagen beim biologischen Alter die Zahl 74 anzeigt, habe ich jetzt einmal das Sportprogramm auf Eis gelegt. Ich warte bereits auf den Tag, an dem ich mich nach dem Duschen auf die Waage stelle und beim biologischen Alter steht: „Verstorben". Diese Beurteilung würde ich sofort mit dem Handy fotografieren und an das Finanzamt schicken. Tote zahlen keine Steuern.

Die Wahrnehmung des Alters ist ohnehin eine facettenreiche Angelegenheit. Ronaldo ist mit 39 ein greiser Kicker, Papst Franziskus ist mit 87 ein blutjunger Pontifex. Im Vatikan spricht man sogar von einer Nachwuchshoffnung. Dem Lamine Yamal unter den Oberhirten.

Seit vielen Jahren gehe ich mit folgendem Gedanken schwanger: Wie wäre es, wenn niemand mehr sein Alter wüsste? Das Alter ist einer der Hauptfaktoren für Stress. Eine Zahl, die uns durchs Leben peitscht. Mit 18 sollte man mit der Schule fertig sein, spätestens mit 30 erste eigene Wohnung, mit 40 hört man ständig die Frage: „Warum hast du noch keine Kinder?" Und mit 50 sollte man als Mann aus Rücksicht aufs Herz die Karriere ausklingen lassen. Stattdessen setzen sich 50-jährige Männer in viel zu engen Trikots aufs Rennrad und fahren damit zum drei Kilometer entfernten Heurigen, um dann dort vier Liptauerbrote zu verspeisen. Wenn am Horizont die eigene Endlichkeit auftaucht, neigt man oft zu seltsamem Verhalten.

Es wäre sinnvoll, das Feld für das Geburtsdatum auf Geburtsurkunden endlich frei zu lassen. Ich erkenne in der Unkenntnis über mein Alter ausschließlich Vorteile. Ich hätte dadurch vielleicht Trotzphase, Pubertät und Midlife-Krise verpasst. Natürlich wäre ich phasenweise weiterhin „a bissl deppad" gewesen, aber niemand hätte gewusst, warum. Jedes Alter erfährt doch seine Altersdiskriminierung. Mit neun darfst du nicht wählen, mit 93 bekommst du nur ganz schwer einen Studentenrabatt. Ohne Alterswissen wäre das alles möglich. Ich könnte drei Tage hintereinander Geburtstag feiern. Weil mir danach ist. Nicht die Geburtsurkunde bestimmt, wie viele Kerzen auf der Torte stehen, sondern meine Befindlichkeit.

Ohne Alterswissen könnte jeder Mensch das Leben nach seinem Tempo ausrichten. Es gäbe dann „Kinder", die noch mit dem Moped in die Volksschule fahren. Warum nicht? Sie wollen sich einfach für das Erlernen des kleinen Einmaleins mehr Zeit geben.

Endlich ein Ende von den zwei Todesphrasen der Lebensfreude: „Dafür bist du zu alt!" und „Dafür bist du zu jung!" Das Alter wäre endlich egal.

Vierjährige verwenden dann den Treppenlift und Achtzigjährige tauschen Pokémon-Karten. Im Ikea-Bällebad könnte eine eigene Rollator-Rutsche stehen. Und falls man bei der Landung das Gebiss verliert, kommt es zu einer generationsübergreifenden Schatzsuche. Das Wissen über das jeweilige Alter spaltet mehr, als es verbindet. Ohne Alterskenntnis würde im Büro niemand mit 65 den Stift fallen lassen, sondern erst dann, wenn die Hand den Stift nicht mehr halten kann.

Sie bemerken vielleicht, dass ich mich mit diesem Thema schon seit vielen Jahren beschäftige. Bereits in meiner Schulzeit wollte ich mit Freunden ein Volksbegehren für die Abschaffung des Alters initiieren. Bei der Behörde wurde uns gesagt: „Geht nicht, dafür muss man 18 sein."

ERDUMDREHUNG MIT TEMPOLIMIT

Unser Planet ist vieles, aber sicher keine ruhige Kugel. In Anbetracht der letzten Jahre könnte sich die Erde durchaus eine kurze Auszeit auf einer Parkbank gönnen und tief durchatmen. Der abendliche Blick in den Himmel und auf andere Planeten beweist mir: Man kann's auch gemütlicher angehen. Ganze Jahrtausende schrieben weniger Schlagzeilen als die vergangenen zwei Jahre. Ein weiterer Grund für die Erderwärmung ist vermutlich die permanente Erregungshitze.

Doch bevor wir die Welt in eine galaktische Burn-out-Klinik schieben und dort an eine Valium-Dauertropfinfusion anschließen, sei nochmals kurz nachgedacht. In den letzten Monaten war ich unglaublich dankbar, dass Österreich eine derart starre und bürokratische Republik ist. Es beweist, dass die Demokratie noch die Zügel in der Hand hält. Demokratie bedeutet das Verlangsamen von Prozessen. Hierzulande kann kein von der Leine gelassener Autokrat bestimmen: „Des bau ma, des schließ ma und Südtirol hol ma uns z'ruck!"

Wenn der Bundeskanzler auf den Tisch hauen will, dann müssen es zumindest elf Tische sein. Seiner, der vom Vizekanzler und die von den neun Landeshauptleuten.

Hinzu kommen noch 427 Katzentische. Deswegen gibt es in Österreich Brückenbauprojekte, die von der Planung bis zur Umsetzung über 70 Jahre benötigten. Vom stellvertretenden Kirchenbeirat-Stellvertreter bis zum bedrohten Ziesel, alle dürfen mitreden. Und das ist gut so.

Als Kind bewunderte ich Pyramiden. Mittlerweile sehe ich in ihnen einen geometrischen Haufen aus 25 Millionen Tonnen schweren Kalksteinen, errichtet für ein neun Kilo schweres Skelett. Damit ist eine Pyramide ein Mahnmal der totalen Selbstüberschätzung. Im demokratischen Österreich hätten die Gewerkschaft, das Umweltbundesamt und die Anrainer den Bau dieses sinnlosen Grabstätten-Porsche ganz sicher verhindert. Und wenn nicht die, dann zumindest eine Zieselfamilie.

ALLER GUTEN DINGE

In meinem letzten Buch unterhielt ich mich mit 18 verschiedenen Alltagsgegenständen über den Menschen. Darunter waren ein dementer Kühlschrank, ein panischer Fahrradhelm, eine tief gekränkte Jogginghose. Alle kamen zu Wort. Ich behaupte, dass Gegenstände uns aufschlussreichere Geschichten über ihre Eigentümer erzählen könnten als sämtliche Investigativjournalisten.

Ich frage mich, welche Relikte Archäologen in 5000 Jahren bei Ausgrabungen von uns wohl finden werden. Vielleicht den zerbrochenen Rückspiegel eines Tesla oder einen positiven Covid-Schnelltest? Im weniger schmeichelhaften Szenario könnten sie auf einen Selfie-Toaster, Einhorn-Hausschuhe oder beheizbare Schlafsocken mit Wecker-Funktion stoßen. Angesichts dieser Funde werden die Archäologen vermutlich einhellig urteilen: „Also Hochkultur war das keine." Moderne Gegenstände entziehen sich zusehends unserem Verständnis. Im 16. Jahrhundert konnte jeder begreifen, wie ein Tisch funktioniert. Aber wer versteht heute schon seinen Dampfgarer? Die letzte Innovation, die ich einigermaßen durchschaute, war der Klettverschluss.

Eine weitere Beobachtung: Viele Redewendungen enthalten Gegenstände – „Das fünfte Rad am Wagen", „Du kannst mir meinen Schuh aufblasen", „Dumm wie ein Ziegelstein". Interessanterweise werden in Österreich die meisten Einfamilienhäuser mit Ziegelsteinen gebaut. Da stellt sich mir unweigerlich die Frage: Kann in dummen Häusern überhaupt intelligentes Leben wohnen?

BILDSCHIRMZEIT

Neulich zeigte der ORF am Hauptabend ein sieben Jahre altes Programm von mir. Und das zum neunten Mal. Langsam bekomme ich den Eindruck, der ORF-Bildungsauftrag lautet, dass die Bevölkerung Eckel-Pointen auswendig lernen soll. Vielleicht steht irgendwann doch wieder ein ehemaliger GIS-Beamter vor Ihrer Tür und fragt: „Was sagt er nach Zimtschnecke?" In dem Programm sitze ich über eine Stunde auf einem knarrenden Holzsessel und rede schneller als mein Schatten. Ehrlich gesagt, viel mehr kann eine Darbietung nicht aus der Zeit gefallen sein. Kaum Schnitte, kein Lichtwechsel, keine Casting-Jury, keine Wasserleiche. Der ORF hätte vor meinem Programm „Dalli Dalli" und danach das „Wetterpanorama" vom 12.3.2012 ausstrahlen können. Am besten alles in Schwarz-Weiß. Das hätte sich nahtlos in die Modernität eingefügt. Trotzdem folgten erneut über

400.000 Zuschauer meiner Darbietung. Es ist vermutlich wie bei einem Autounfall: Man kann bei einem Realitätsverweigerer nicht wegsehen. Ich erwähne nämlich in diesem Programm den aktuellen Bundeskanzler Christian Kern.

Vielleicht surfe ich mit diesem minimalistischen Auftritt ja auch auf der aktuellen Detox-Welle. Verzichten ist das neue Anhäufen. Im Jänner gelten bei vielen Menschen die Regeln: kein Alkohol, keine Zigaretten, kein Zucker, kein Ausatmen. Seit Jahren träume ich von einer Detox-Geburtstagsparty. Auf dieser darf niemand etwas mitbringen, sondern auf einem Tisch steht von mir angesammeltes Klumpert und jeder Gast muss verpflichtend einen Gegenstand mitnehmen.

Ich hoffe, dass dadurch Dinge wie Raclette-Set, Kirschkernentferner und Bananen-Tupperware endlich ein anderes Zuhause unglücklich machen. Vielleicht ist auch die Zukunft der ORF-Unterhaltungsabteilung das Detox-Kabarett. Sie zeigen dann eine Stunde lang nur noch das Testbild und die Zuschauer bauen sich im Kopf ihre eigenen Witze.

ALTES NEU DENKEN

Anlässlich eines Wirtschaftskongresses, bei dem ich als Überbrückungsunterhalter zwischen Frittatensuppe und Lungenbraten engagiert wurde, schwappte mir von einem Vortragenden wiederholt die Formulierung entgegen: „Wir müssen Produkte neu denken." Prinzipiell will ich neues Denken nicht verurteilen, weil neues Denken altes Denken voraussetzt. Die wenigsten Menschen sind an einer Überdosis Gedanken verstorben, die Gedankenlosigkeit füllt hingegen ganze Friedhöfe.

Auf diesem Kongress, der fest in der Hand von Sakko-trägern war, wurde eifrig über das Innovationspotenzial von Heizung, Auto und Laufschuh sinniert. Doch als ein frisch von der Fachhochschule geschlüpfter Business Consultant, welcher zumindest den vierten Platz beim Sebastian-Kurz-Lookalike-Wettbewerb hätte erringen können, meinte: „Man muss auch den Küchenschwamm neu denken!", wurde ich hellhörig. Ich war tatsächlich der Einzige, der bei diesem Satz laut auflachte. Der Rest des Saals nickte zustimmend. Leider folgten von dem jungen Mann keine weiteren dies-bezüglichen Ausführungen. Man muss den Küchenschwamm neu denken? Der Küchenschwamm ist eigentlich ein über-schaubar komplexes Produkt. Gleichzeitig ist er dem Men-schen nicht ganz unähnlich. Er besitzt eine weiche Seite, eine raue Seite, und drinnen steckt er voller Bakterien. Eine weitere, vielleicht etwas weit hergeholte Gemeinsamkeit: Egal ob man Schwamm oder Mensch drückt, beide verlie-ren Flüssigkeit. Vielleicht sind die Tränen der Rührung nur das Abwasser der Augen.

Der Küchenschwamm muss sich den Vorwurf gefallen lassen, dass er sich seit seiner Erfindung im Jahr 1949 kaum weiterentwickelt hat. Er blieb von der Silicon-Valley-Fort-schrittswalze völlig unbeeindruckt. Warum kann man ei-gentlich mit einem Küchenschwamm immer noch nicht telefonieren? Einmal drücken für „Abheben", zweimal drü-cken für „Auflegen", und dreimal drücken bedeutet „Kurz-parkschein verlängern". Der Küchenschwamm der Zukunft benötigt dringend ein Verschmutzungsnavi, welches mir beim Putzen Anweisungen gibt wie „Nach der Abwasch links abbiegen". Falls ich jedoch im Reinigungsrausch an das Ende des Backrohrs stoße, sollte ein lautes „Bitte wenden!" ertönen. Ein moderner Küchenschwamm braucht unbedingt eine eingebaute Gesichtserkennung.

Sollte der Putzende beim Säubern seines Wohnraums nicht lächeln, muss der Küchenschwamm seine Saugkraft sofort einstellen. Denn wie heißt es unter den Putzfluencern? „Nur wer beim Wischen Freude empfindet, kann seine Reinigungsziele erreichen!"

Ich vermute, mit diesen Küchenschwamm-Visionen hätte ich auf dem Wirtschaftskongress den Saal zum Beben gebracht. So viel Schwachsinn schreit danach, in eine Power-Point-Präsentation gegossen zu werden. Dann heißt es nur noch Venture-Capital-Firmen abklappern, denn wie lautet die Devise in der Start-up-Welt? „Every smart idea will open a wallet." Auf Wienerisch ist diese Formulierung eher bekannt unter: „Irgendan Deppaden findst immer."

Doch manchmal überkommt mich auch inmitten von Technologie-Groupies eine tiefe Melancholie. In mir breitet sich dann ein „Ich komm da nicht mehr mit"-Gefühl aus. Der Boomer in meinem Kopf flüstert mir unentwegt dieselben beiden Gedanken zu: „Brauch ma des alles wirklich?" und „Wir ham das auch ned g'habt!"

Im Leben der meisten Menschen gibt es den Zeitpunkt, an dem man beschließt, dem Fortschritt die kalte Schulter zu zeigen. Es gibt diese eine letzte Erfindung, bei der man zu sich sagt: „Dieses Produkt lasse ich noch in mein Leben, alle weiteren sind mir wurscht." Bei meiner Großmutter war das der Kelomat, bei meiner Mutter der Videorekorder, vielleicht wird es bei mir der KI-Küchenschwamm sein. Doch obwohl ich in mir eine technologische Fortschrittsskepsis orte, geht mir gleichzeitig so manch gesellschaftlicher Wandel viel zu schleppend voran. Zum Beispiel träume ich seit

Jahren von einer Bildungsreform, die unsere Kinder nach ihren Talenten scannt und nicht nach ihren Mängeln. Als Mensch kann man eben beides gleichzeitig sein – stillstandsmüde und veränderungserschöpft.

WER NiCHTS GLAUBT, MUSS ALLES WiSSEN

Mein alter, durchaus gebildeter Schulfreund Ralf beginnt viele seiner Sätze mit: „Wie du sicher weißt ..." Was dann folgt, ist in der Regel eine Information, die ich noch nie in meinem Leben gehört habe. Das Einzige, was ich mittlerweile weiß, ist, dass ich mich nach der Einleitung „Wie du sicher weißt" meistens wie ein Idiot fühle. Vielleicht verkleide ich mich im nächsten Fasching als Wissenslücke.

Bereits in meiner Schulzeit beantwortete ich die Prüfungsfragen meiner Lehrer recht häufig mit einem Kurt-Ostbahn-Klassiker: „I wüs gor ned wissn. Ned so genau." Das bescherte mir Probleme, gleichzeitig jedoch Lacher. Ich musste nicht lange abwägen. Jeder halbwegs gefestigte Jugendliche nimmt für zwei Schmunzler drei Nachprüfungen in Kauf. Wissen kann unheimlich belasten. Ein Satz, den man vielleicht nicht über jede Schule schreiben sollte, aber meine Beobachtungen nähren diese These.

Immer häufiger begegne ich im Supermarkt Menschen, die sich kopfschüttelnd die Inhaltsstoffe diverser Produkte durchlesen. Die wissen dann vom Waldhonig alles. Blütenquellen, Pantothensäuregehalt und vermutlich das WLAN-Passwort vom Imker. Doch der Vollerwerbs-Skeptiker hat am Supermarktausgang nichts im Einkaufswagen. Außer vielleicht zwei Bilder fürs Stickeralbum. Chronische Bescheidwisser sind ständig auf der Hut. Giftstoffe, Geldabwertung, Tigermücke. Informationen sind immer häufiger verkleidete Sorgen. Doch eine Mischung aus unerschütterlichem Vertrauen und atemberaubender Trägheit lässt in meinem Kopf gern den Gedanken zu: „Des wird scho passen." Aktive Ahnungslosigkeit ist ein Luxus, den ich mir gelegentlich gönne. Trost spendet mir auch folgende Überlegung: Ich bin nicht uninformiert, sondern ich habe nur mein Wissen an andere Gehirne ausgelagert.

KEiNE WENDE oHNE ENDE

Tiere verabschieden sich nicht voneinander. Wenn beispielsweise Küstenseeschwalben nach 10.000 Kilometern gemeinsamer Wegstrecke auseinanderfliegen, gibt es kein herzliches „Pfiat di!", kein lässiges „Servas!" oder ein vertröstendes „Bis nächsten Mittwoch!" Bei uns Menschen gestaltet sich der Abschied hingegen schwierig. Dabei müsste ich schon ein Vollprofi sein, wenn man bedenkt, von wie vielen Dingen ich mich schon verabschieden musste. Von der Jugend, dem Schilling, Hunderten zweiten Socken, den Milchzähnen, dem Traum vom Stabhochsprung.

In zwischenmenschlichen Beziehungen fällt ein endgültiger Abschied besonders schwer. Vor vielen Jahren tauschte ich nach einem Tauchgang in Indonesien mit einem kolumbianischen Paar Kontaktdaten aus. Statt einem ehrlichen „Schönes Leben!" ein verlogenes „Vielleicht treffen wir uns mal in der Mongolei bei einer Alpaka-Wanderung." Doch wir horten sie alle, die Urlaubsvisitenkarten, die sich vor allem durch eines auszeichnen: Kontaktlosigkeit.

Geht eine Liebesbeziehung oder sogar eine Ehe zu Ende, taucht sofort die Frage auf: „Und woran seid ihr gescheitert?"

Nach dem Motto, entweder durchziehen oder Loser! Auch mir wurde seit der Jugend immer eingebläut, in schwierigen Zeiten heißt es: „Zähne zambeißen", „zamreißen" und „aushalten". Als müssten wir in totaler Verkrampfung gemeinsam über die Ziellinie der Endlichkeit stolpern. „Augen zu und durch!" Das Leben ist also ein Hustensaft, den man wieder und wieder runterwürgen muss.

Dass in jedem Ende ein Scheitern wohnt, entspricht vermutlich nur dem menschlichen Denken. Ich kann mir kaum vorstellen, dass eine Birke, wenn sie im Herbst ein Blatt verliert, mit sich hadert: „Verdammt, ich bin gescheitert! Ich bin eine Blatt-Halte-Versagerin!" Ich glaube, der Birke ist vielmehr bewusst, wenn sie beides macht, alte Blätter behalten und neue Blätter wachsen lassen, dann wird sie, aufgrund des Gewichts der Äste, irgendwann zur Trauerweide.

WO SCHATTEN, DA AUCH SONNE

Ich bin seit ein paar Jahren Vegetarier. Mit einer Ausnahme. Einmal im Jahr gönne ich mir ein Paprikahendl. Eine ganz exotische Form des Vegetarismus. Ein Bekannter von mir ernährt sich ebenfalls fleischlos. Nur einmal im Jahr verzehrt er eine Salamipizza. Wir treffen uns immer im Jänner zu Huhn und Pizza und leben unsere Inkonsequenz gemeinsam aus. Danach sind unsere Fleischtanks wieder für ein Jahr aufgefüllt.

Der große Nachteil des Vegetarismus ist, dass dieser bei manchen Menschen einen Rechtfertigungsdruck auslöst. „Ich achte beim Fleisch immer auf bio!" ist die häufigste Bemerkung, die ich zu hören bekomme. Ich erwarte das nicht. Es gibt Paprikahendl-Vegetarier ohne Missionierungszwang.

In meiner Kindheit war ich eine Zeit lang Ministrant. Je häufiger der Priester „Und ich sage euch" von der Kanzel verkündete, desto weniger Gläubige besetzten die Kirchenbänke. Irgendwann beendete der von Frust gezeichnete Priester seine Messe mit den Worten: „Glaubt doch, was ihr wollt!" In der darauffolgenden Woche war die Kirche wieder voll. Irgendein Teil in unserem Kopf sträubt sich gegen betreutes Denken.

Manchmal ist die Gedankenfreiheit jedoch auch eine Bürde. Mein Gehirn spuckt mir ständig Standpunkte aus. Zum Elektroauto, zur Inflation, sogar zum Magenbakterium Helicobacter pylori. Das ist wohl der größte Vorwurf, den ich meinem Gehirn nach all den gemeinsamen Jahren mache. Ahnungslosigkeit schützt nicht vor Meinung.

SAG YES ZUM STRESS

Jede Zeit hat ihre Belastungen. Im 16. Jahrhundert rückten in Österreich die Osmanen an, die Bauernkriege breiteten sich aus, Pest, Pocken, Typhus, Cholera und Spanische Grippe wüteten gleichzeitig und bei einem Zahnarztbesuch lag die Überlebenschance bei ungefähr 50 Prozent. Die Menschen hielten das irgendwie aus. 500 Jahre später schmeiße ich die Nerven weg, wenn ich zehn Minuten lang keinen Parkplatz finde. Ich fürchte, dass ich an meiner Stressresistenz arbeiten muss. Halte ich in meiner Hand zwei Hemden, finde aber dazu im Kasten nur einen Kleiderbügel, werfe ich mich auf den Boden und schreie lautstark: „Warum immer ich!" Stress entsteht doch meistens dadurch, dass eine Situation anders ist, als man will. Folglich habe ich zwei Möglichkeiten: Entweder muss ich weniger wollen oder ich entscheide mich für ein Leben, das mich permanent überrascht. Doch der Gegenwartsstress wird immer mehr zur Handtasche, mit der man sich schmückt. In einem deutschen Elternmagazin wurde ernsthaft diskutiert, ob Kinder schon im Mutterleib ein Burn-out haben können. Sofort fragte ich mich, was wohl die belastenden Gedanken eines Babys sein könnten. Vielleicht: „Pfau, in fünf Wochen muss ich mich drehen!" oder „Was mach ich, wenn mein Papa schiach ist?"

Die Anti-Stress-Industrie versorgt uns Gegenwartserschöpfte inzwischen mit Wellness-Tee, Lomi-Lomi-Massagen und Alpaka-Wanderungen. Ich frage mich, ob dem Steinzeitmenschen unsere Stressbewältigung geholfen hätte. Er wankt frühmorgens aus seiner Höhle, von rechts läuft ein Mammut auf ihn zu, von links ein Säbelzahntiger. Er streckt seine Arme aus und sagt: „Stopp ihr beiden, ich mach gerade mein Jagd-Sabbatical. Ihr stört mich in meiner Me-Time!" Ich fürchte, mit dieser Strategie wäre die Menschheit schon bedeutend früher ausgestorben. Aber dafür natürlich tiefenentspannt.

ZWEITES MITTELMEER BITTE!

Im Juli verbrachte ich in der Türkei eine Woche auf einem Segelboot. Mit an Bord waren zwei weitere Familien. Sieben Tage auf 30 m², und das ohne Landgang. Eigentlich eine optimale Vorlage für eine Netflix-Thrillerserie. Der Titel kam mir sofort in den Sinn: „Zehn kleine Niederösterreicher". Um am Schiff als Mr. Marple auftreten zu können, packte ich noch kurz vor der Abreise Lupe, Fingerabdruck-Set und Verhörlampe in den Koffer. Doch ich wurde von der Reise enttäuscht. Wir haben uns leider gut verstanden. Sicher war es von Vorteil, dass etwas am Boot besonders gut funktionierte: das Internet. Wir segelten zwar nie hart am Wind, aber zumindest ständig hart am WLAN. Dabei lernte ich: Wenn sich ein urlaubender Jugendlicher länger als 24 Stunden weder über Snapchat noch über Instagram meldet, wird er zu Hause offiziell für tot erklärt.

In meiner romantisch verklärten Vorstellung war das offene Meer immer der letzte Rückzugsort vom Trubel. Dieses Bild wurde um eine neue Erfahrung angereichert. Eines Tages tauchte neben uns ein buntes, großes Schiff der Supermarktkette Migros auf. Ich wurde mit einem Beiboot abgeholt und betrat einen schwimmenden Einkaufstempel. Das Schiff erstreckte sich über drei Stockwerke und es gab sogar Einkaufswagerln. Mit Münzschlitz! Bitte, wer stiehlt auf offener See ein Einkaufswagerl? Vor allem, wie? Die einzige Möglichkeit wäre wohl, sich hineinzusetzen und über das flache Heck ins Meer zu rollen.

An der belebten Supermarktkasse, die aufgrund des Seegangs schwankte, wurde ich dann gefragt: „Bağlılık puanları toplayın?" Mein Google-Translator übersetzte es sofort: „Sammeln Sie Treuepunkte?" So kam ich zur wahren Erkenntnis meines Urlaubs: Je mehr du die Ferne suchst, desto eher wird die Heimat dich finden.

BiLDUNG FOR FUTURE

Einst musste ich die Fläche eines rotierenden Kegelschnitts berechnen. Das ist mittlerweile mehr als 30 Jahre her. Leider hat sich seitdem kaum eine Gelegenheit ergeben, dieses Wissen praktisch anzuwenden. Ich warte immer noch darauf, dass im Straßenverkehr ein rotierender Kegelschnitt aus einer Seitengasse auf mich zufährt. Ansonsten verfingen sich in meinem Gehirn aus der Schulzeit etliche Lernreime. „Aus der Summe kürzt der Dumme", „753, Rom schlüpft aus dem Ei" und „Feldspat, Quarz und Glimmer, die drei vergess' ich nimmer." Eigentlich beunruhigend, dass meine Schulbildung vorrangig auf Eselsbrücken fußt.

Können Sie sich noch an das endoplasmatische Retikulum erinnern? Ich habe bis heute keine Ahnung, was das ist, aber in den Begriff habe ich mich verliebt. Ich will diese Bezeichnung auch nicht googeln. In meiner Fantasie war das endoplasmatische Retikulum die perfekte Vereinigung von all meinen Sehnsüchten. Mit 16 wollte ich es sogar heiraten. Heutzutage bestelle ich es gelegentlich aus Selbstbespaßungsgründen beim Imbissstand. „Habt ihr noch ein endoplasmatisches Retikulum?" Einmal wurde mir erwidert: „Mit oder ohne Zwiebeln?" Vermutlich haben Imbissstand-Besitzer in ihrem Leben bereits so viel gehört, dass sie das endoplasmatische Retikulum nicht aus den Socken wirft.

Eine meiner Maturafragen lautete: „Was für eine Art von Gehirn hat der Regenwurm?" Das weiß ich bis heute: das Oberschlundganglion. So klein und doch so viele Buchstaben. Jetzt habe ich Ihnen aber fast mein ganzes Schulwissen offenbart. Was bleibt, sind noch ein bisschen Englisch, der Purzelbaum und Pokern. Und das nach ungefähr 13.000 absolvierten Schulstunden. Entweder ist die Effizienz der schulischen Wissensvermittlung zu hinterfragen oder in meinem Kopf sitzt doch kein Gehirn, sondern nur ein Unterschlundganglion.

GEDANKE SUCHT HIRN

Obwohl ich Ihr Kopfschütteln schon vor mir sehe, möchte ich Sie gedanklich noch einmal zum letzten Corona-Lockdown mitnehmen.

Ich polierte gerade meine Webcam, weichte den Ton fürs Töpfern ein und sortierte meine Jogginghosen nach den Kategorien „elegant", „gewagt" und „nur im äußersten Notfall". In diesem stillen Moment der pandemischen Kontemplation rief mich mein alter Schachfreund Peter an. Er ist im Sternzeichen Skeptiker, Aszendent Misanthrop. „Die spinnen doch, die Trotteln! Du als F-Promi musst was sagen!" „Also, erstens Peter, bin ich zumindest E-Promi, und zweitens habe ich vor einiger Zeit eine Fähigkeit wiederentdeckt: Vertrauen. Ich vertraue den Dachdeckern, den Brückenbauern, den Flugkapitänen und jetzt den Virologen. Der Satz, der mir im Leben am meisten geholfen hat, lautet: ‚Vertrauen ist Komplexitätsreduktion'." „Aber", unterbrach Peter, „damals warst du auch überzeugt, dass dieses Riesentheater für so an Zwutschgerl-Erreger nicht angemessen ist.",Tja", stimmte ich zu, „ich war auch schon überzeugt, dass die Vroni monogam ist, Milli Vanilli selber singen und dass man mit einem 20 Jahre alten Fiat Panda nach Barcelona fahren kann. In Amstetten wurde ich eines Besseren belehrt. Mein Leben kann wirklich von mir behaupten: Er irrt sich vorwärts." „Oje", antwortete Peter, „du bist a nimma der Alte!" „Gott sei Dank sind wir das beide nicht", erwiderte ich. „Sonst müssten unsere Mütter uns nach wie vor auf den Rücken klopfen, damit wir ein Bäuerchen machen." Peter legte auf.

Meinem Eindruck nach überrascht man Mitmenschen am meisten, wenn man vergangene Fehleinschätzungen nicht konsequent wiederholt. Doch ich bin lieber ein labiler Forscher als ein stabiler Trottel. Man muss im Kopf umparken dürfen. Vielleicht werde ich deswegen bei der nächsten Großdemo Tafeln verteilen, auf denen steht: „Tausche Gesichtsverlust gegen Erkenntnisgewinn!"

WAHRHEiT, SCHMiNK DiCH!

Jedes Mal, wenn ich am Ende einer Geburtstagsrede den Satz höre: „Und bleib so, wie du bist!", keimen in mir zwei Hoffnungen. Erstens, dass es der Gratulant nicht ernst meint, und zweitens, dass es der Beglückwünschte nicht ernst nimmt. Häufig verbirgt sich hinter dieser anscheinend wohlwollenden Aufforderung eine versteckte Drohung. Heidi Klum und Wolfgang Fellner sind jeden Tag so, wie sie sind. Und man könnte hinzufügen, leider. Meine größte Sorge gilt mittlerweile jenen, die ihre Authentizität zur Schau stellen. Ich hoffe zum Beispiel, dass bei Wahlen der weniger Authentische gewinnt. Lieber langweilige Diplomatie als fünf weitere Jahre ADHS im Endstadium. Natürlich muss man Donald Trump zugutehalten, dass er seinen Bürgern ein wichtiges Gefühl zurückgegeben hat. In Amerika kann wirklich jeder was werden.

Ein bedeutender Unterschied des Menschen vom Tier ist doch gerade, dass er nicht authentisch ist. Wenn ein Labrador gekrault werden möchte, legt er sich auf den Rücken, präsentiert seinen behaarten Bauch und blickt erwartungsvoll. Wende ich eine ähnliche Strategie an, um Zuneigung zu erbitten, wird dies oft mit einem abschätzigen „Du Schwein!" quittiert, obwohl ich lediglich authentisch sein wollte. Authentische Kinder müssten dauerstrapazierte Erwachsenen-Floskeln wie „Bist du aber groß geworden" häufig mit „Bist du aber schiach geworden" beantworten. Das Leben lehrt sie jedoch, dass eine authentische Antwort zum Entzug von zwei Dingen führt: Taschengeld und WLAN-Code.

Wir schlüpfen im Laufe unseres Lebens in viele Rollen: Partner, Elternteil, Kollege, Schachpartner. Doch in welcher Rolle ist man überhaupt der Authentische? Es ist wichtig, diese Rollen zu trennen. Stellen Sie sich vor, der Bundeskanzler würde während einer Pressekonferenz die Rolle des Regierungschefs mit der des Vaters verwechseln. Mit strengem Blick würde er hinter dem Redepult stehen und uns ermahnen: „Liebe Kinder meiner Regentschaft! Im Winter immer Mütze aufsetzen, esst mehr Karotten und am Sonntag spätestens um 21 Uhr Licht abdrehen. Am Montag ist Arbeit!" Das wäre doch lächerlich. Auf der anderen Seite – wer weiß, was in Zukunft noch kommt?

HoiT, Do iS A SPoiT

In meinem Kopf hausen vier Gallier. Der eine heißt Zerstreufix. Am Morgen wirft Zerstreufix am Computer einen Blick auf das aktuelle Bergwetter am Ötscher, lässt sich dann aber von einer Online-Werbung für Eishockeyschuhe ablenken und landet schließlich auf einem Internetblog für burgenländische Auswanderer nach Kanada. Nach zwei Stunden im Internet weiß Zerstreufix über alles Bescheid, außer über das Wetter am Ötscher. Zerstreufix beneidet wirklich jeden Goldfisch um seine Aufmerksamkeitsspanne.

Einer seiner Seelenverwandten ist Entspannix. Entspannix taumelt den ganzen Tag von Erregung zu Erregung. Ihm einen Social-Media-Account zu schenken, war mein größter Fehler. Ständig inhaliert er Nachrichten wie: „Bundeskanzler trägt weiße Socken – Skandal!", „Christkind nicht geimpft – Skandal!", „Pinzgauer Kuh gibt Hafermilch – Skandal!" Die Dauerschnappatmung von Entspannix macht mich auch ganz ohne eine Pandemie zur Risikogruppe.

Die unheilige Dreifaltigkeit wird ergänzt durch Verzeihnix. Er sucht im Leben nichts außer Schuldige. Seit meiner Geburt haben es bereits 9234 Verdächtige auf diese Liste geschafft. Eltern, Lehrer, Parkraumüberwacher, Fledermäuse. Nur gegenüber dem eigenen Verstand gilt nach wie vor die Unschuldsvermutung.

Schließlich ist da noch Besonnfix. Der alte, weise Mann in mir. Besonnfix predigt unentwegt Impulskontrolle und Gelassenheit. Leider tendiert er aufgrund seines Stammplatzes auf der innerparlamentarischen Oppositionsbank mittlerweile zum Alkoholismus. Eines beweist diese Mehrstimmigkeit jedoch: Für eine Spaltung braucht es keine Gesellschaft. Nicht einmal einen Zweiten. Doch wie man Zwistigkeiten löst, haben uns die gezeichneten Gallier am Ende jedes Comics vorexerziert. Man trifft sich einfach am Abend im Freien zum gemeinsamen Wildschweinessen.

KANN ICH'S BESSER?

Gelegentlich konfrontieren mich Zuschauer mit der Frage, warum ich mich nicht auch als tagespolitischer Kabarettist betätige. Die Antwort ist einfach: Ich wäre höchstwahrscheinlich kein besserer Volksvertreter. Ich wäre als Politiker selbstgefälliger als Kickl, bestechlicher als Sobotka, planloser als Babler und biegsamer als Kogler. Falls Sie mit dem aktuellen oder vergangenen politischen Personal unzufrieden sind, kann ich Sie beruhigen: Ich wäre schlimmer.

Lange Zeit glaubte ich, dass ich einen hervorragenden Mathelehrer abgeben würde – bis zu meiner ersten Erfahrung mit Homeschooling. Diese offenbarte schmerzhaft, dass in mir Wissenslücken klaffen, deren Dimension ich nicht einmal berechnen kann. Zudem mangelt es mir an einer für einen Lehrer essenziellen Eigenschaft: der Enttäuschungskompetenz. Nachdem ich zwei Mal an der Berechnung eines Kathetenquadrates scheiterte, spielte ich mit dem Gedanken, mich am eigenen Geduldsfaden zu erhängen.

Doch nicht nur ich werde von meinem Selbstbild betrogen. Vor Kurzem erzählte mir ein Unfallchirurg, dass an Wochenenden in der Ambulanz rund ein Drittel der Patienten Heimwerker-Outfits tragen. Baumärkte sind offenbar Brutstätten des Unglücks. Der Chirurg schlug vor, dass in Zukunft die belauschenden, smarten Heimlautsprecher bei Formulierungen wie „Des schweiß ma, zerschlag ma oder flex ma selber" automatisch einen Krankenwagen rufen sollten. Vielleicht würde ein Rollentausch das wechselseitige Verständnis fördern.

Stellen Sie sich vor, nur eine Woche im Jahr arbeitet der Glücksspielbetreiber als Schuldenberater, der Trafikant als Lungenfacharzt und der Bildungsminister als Lehrer. Das könnte vielleicht zwischen den Berufsgruppen mehr Empathie erzeugen. Und falls das nichts ändert, dann hätte es zumindest eine positive Konsequenz: Das Kathetenquadrat würde endgültig aus dem Lehrplan verschwinden.

I HÖR DI KLOPFEN

Die meisten Zuschauer beneiden Kabarettisten aus demselben Grund: Tagesfreizeit. Das klischeehafte Bild vom Berufs-
stand des Komikers ist, dass er morgens nahtlos vom Pyjama in die Jogginghose wechselt und dann den Tag am Sofa
verbringt, bis es endlich Abend wird. Natürlich ist das eine
grobe Vereinfachung. Erstens bleibe ich oft im Pyjama und
zweitens hat das Internet meiner Tagesträgheit längst einen
Strich durch die Rechnung gemacht. Es hat sich nämlich
herumgesprochen, dass ich der Einzige in der Nachbarschaft
bin, der zwischen 9 und 17 Uhr zu Hause ist. Vor allem bei
DHL, UPS und der Post. Ständig klingelt es an meiner Tür
und ein Paketdienstfahrer begrüßt mich mit den Worten:
„Können Sie übernehmen?" In die linke Hand drückt er mir
dann einen Karton, damit ich mit der rechten Hand auf seinem Elektroblock die Übernahme bestätige. Ich unterschrei-
be abwechselnd als Kaiser Romulus Augustulus, Hannibal
Lecter und Bibi Blocksberg. Dem Fahrer ist das sowieso
wurscht.

Die Ware, die dann in meinem Vorzimmer liegt, macht
mich mittlerweile nervös. Ein Nachbar, für den ich regelmäßig Pakete übernehme, schwärmte mir vor Kurzem von
den Möglichkeiten des Darknet vor. Sofort kam mir der
Gedanke, dass mein Vorzimmer vielleicht in Kolumbien ein
bekanntes europäisches Zwischenlager für Kokain ist. Da
ich meine Sorgen gern füttere, tippte ich meinen Namen
zusammen mit „Kolumbien" und „Drogen" in die Suchma-
schine ein. Google fragte mich tatsächlich: „Meinten Sie
Pablo Ecklobar?" Ich klappte den Computer zu und brachte
besagtem Nachbarn sein Paket ins Büro.

Eigentlich muss ich mich vor der Raffinesse von Amazon verbeugen. Sie haben es geschafft, dass die Asfinag ständig neue Straßen baut, damit die Pakete noch schneller beim Kunden sind, und dass Menschen mit Tagesfreizeit sich ungefragt zu Lagerarbeitern umschulen lassen. Das Bemerkenswerteste ist jedoch, dass Amazon aufgrund seiner komplexen internationalen Unternehmensstruktur am Jahresende vom österreichischen Finanzamt keinen Steuerbescheid, sondern eine Weihnachtskarte erhält. Die das Finanzamt vermutlich zuvor auch noch auf Amazon gekauft hat.

FOKUS AUF ALLES

Kleinkindern fehlt die Objektpermanenz. Das bedeutet, wenn ich einem dreijährigen Mädchen einen Plastik-Tyrannosaurus wegnehme, schreit es, weil es glaubt, das Spielzeug verschwindet für immer.

Als Erwachsener weiß man, die meisten Dinge, die vergehen, kommen irgendwann wieder. Außer vielleicht der Tyrannosaurus. Beispiele für wiederkehrende Ereignisse sind Rückenschmerzen, Wahlplakate und Wespen. Seltsam, dass mir gerade diese Begriffe als Erstes einfallen. Mir hätten auch die Wörter Sonnenuntergang, Kaminknistern oder Schaumbad in den Sinn kommen können. Ein weiterer Beweis dafür, dass man aus dem Bauch vielleicht den Blinddarm entfernen kann, doch aus dem Gehirn niemals den Wiener. Zurück zur Objektpermanenz. Im Leben ist es von Vorteil, wenn man sich aus der gegenwärtigen Situation emanzipieren kann. Wenn ich am Abend den Kühlschrank öffne und keinen gekühlten Muskateller finde, werfe ich mich nicht auf den Boden und fange an zu schreien. Erstens, weil in der Küche oft meine Tochter neben mir steht, und zweitens mein Sohn. Ich betreibe also Impulskontrolle und versuche, mich vom Weinfokus zu lösen, indem ich beim Nachbarn anklopfe und ihn frage, ob er ein Weizenbier hat. Falls der verneint, fahre ich zur Tankstelle. Sie halten mich jetzt wahrscheinlich für einen Alkoholiker, doch das streite ich ab. Erstens, weil irgendwann meine Tochter diesen Text liest, und zweitens mein Sohn. Mit diesem Beispiel möchte ich vielmehr den kaum beherrschbaren „Ich will das haben, und zwar sofort!"-Reflex beschreiben. Da steckt also immer noch ein Vierjähriger im Körper eines 50-Jährigen. Ich fühle mich mit diesem Symptom nicht allein.

Nach meiner Beobachtung leidet ein Großteil der Gesellschaft an einer Krankheit namens Sofortitis. Der chronischen Ungeduld. Es ist doch irgendwie paradox – je länger wir leben dürfen, desto mehr hetzen wir uns durch die geschenkte Zeit. Das Leben mutiert immer mehr zu einer To-do-Liste und ich frage mich allmählich, auf welcher Seite dieses selbst verfassten Pflichtenhefts das Wort „Ende" steht. Vermutlich stecken mir meine Kinder in die Urne noch einen Zettel mit den noch immer nicht erfüllten Aufgaben. Es gilt: Wer leistet, ist lebendig. Wer seine Antriebskraft auf Diät setzt, gilt als klinisch tot. Auf die Frage: „Was hast du heute gemacht?" darf man vieles antworten, jedoch auf keinen Fall: „Nichts." Mittlerweile gibt es sogar Werbungen, die mir das „aktive Schlafen" näherbringen wollen. Vielleicht gibt es bald Pyjamas mit eingenähten Gewichten, die mich bei jeder nächtlichen Drehung zu einem Fitness-Workout zwingen. Doch die gesellschaftliche Forderung nach permanenter Aktivität hat die Konsequenz, dass sich immer mehr Menschen durch ihre Existenz gepeitscht fühlen.

Um möglichst viel in einem Leben unterzubringen, drücken diverse Produkte aufs Gaspedal. Da findet man im Internet Anzeigen für einen Express-Spanischkurs, ein Turbo-Piano-Tutorial und Be-a-Sailor-in-2-hours. Ich warte schon auf Speed-Stabhochsprung-Learning. Ich las von einem Unternehmen in Dänemark, das für unter Zeitdruck stehende Geschäftsleute ein Mittagessen in Kapselform anbietet. Es ist eine Frage der Zeit, bis auf der Menütafel von österreichischen Wirtshäusern geschrieben steht: „Heute Mittagsmenü-Quickie! Schweinsbraten als Augentropfen und Milchrahmstrudel als Zäpfchen." Doch entspricht das alles dem Menschen? Die vielen in Österreich aus dem Boden schießenden Burn-out-Kliniken und Resilienz-Zentren lassen Zweifel aufkommen. Die Beschleunigung von allem bewirkt bei mir vor allem eines – sie füttert meine Zerstreutheit. Was wohl auch dieser Text beweist, denn ursprünglich wollte ich über Objektpermanenz schreiben.

FRIEDE SEI MIT MIR

Gegenüber Toni Faber verspüre ich ein schlechtes Gewissen. Er war bereits einige Male in meinen Kabarettprogrammen, ich besuchte hingegen kein einziges Mal eine seiner Vorstellungen. Zu meiner Verteidigung kann ich nur anführen, dass sich sein Programm in den letzten 2000 Jahren kaum verändert hat. In der Sonntagsmesse setzt man, vergleichbar mit den Rolling Stones, immer wieder auf die von der Gemeinde erwarteten Superhits: Fürbitten, Vaterunser, Friedensgruß. Toni Faber erzählte mir, dass sich einige österreichische A-, B- und Y-Promis von ihm segnen lassen. Sie hoffen wahrscheinlich, dass er ihnen als Promi-Pfarrer fürs nächste Leben eine VIP-Wolke organisiert, mit Sektkübel und „Seitenblicke"-Team.

Als Kind wurde auch ich katholisch geimpft. Mittlerweile betrachte ich mich als tiefgläubigen Agnostiker, der vermutlich erst am Sterbebett wieder mit dem Beten beginnen wird. So viel zu meinen Widersprüchen. Doch mit Ambivalenzen bin ich im Kreise von Religionsanbietern in bester Gemeinschaft. Die einen behaupten, der liebe Gott will, dass Menschen am Karfreitag auf Fleisch verzichten, die anderen, dass Frauen ein Kopftuch tragen, und die Nächsten verlangen in seinem Namen, dass Buben sich nach der Geburt von ihrer Vorhaut trennen.

Falls es Gott wirklich gibt, dann ist er mittlerweile schwerer Alkoholiker. Die Pressesprecher des Schöpfers sperrten die göttliche Botschaft in einen menschlichen Schrebergarten. Dieser Schöpfer muss eine unglaublich hohe Frustrationstoleranz besitzen. Andernfalls hätte er längst zwei Wolken auseinandergeschoben und in Richtung seiner Bodentruppen „Jetzt hoids einmal alle die Pappen!" geschrien. Es regt sich bei immer mehr Menschen der Verdacht, dass die absolute Wahrheit doch nicht hinter einem Altar steht. Deswegen leeren sich die Kirchbänke. Außer an heißen Sommertagen, da werden viele Gotteshäuser dank ihrer dicken Mauern zu Kühlräumen mit Tabernakel. Falls in Zukunft der Pfarrer das Kirchentor öffnet und fragt: „Wer klopfet an?", dann kann ich als Agnostiker antworten: „Ein Klimaflüchtling." Ich hoffe, dass man mir als schwitzendem Skeptiker trotzdem Einlass gewähren wird.

Doch welche Maßnahmen könnte die katholische Kirche treffen, um Menschen wieder für den Sonntagsgottesdienst zu begeistern? Vielleicht die Abschaffung des Zölibats oder Priesterinnen? Ich glaube, etwas ganz Profanes, nämlich Schokobananen. Als ich ein Kind war, verteilte der Pfarrer am Ende der Messe immer welche. Damals war die Kirche jeden Sonntag voll.

DER SEICHTE STAAT

Wann hat die Politik das letzte Mal eine Entscheidung getroffen, die Ihren Alltag maßgeblich verändert hat? Ich musste da tief im Archiv meiner Erinnerung blättern und stieß auf den 1. Jänner 1999. An diesem Tag erfolgte die Euro-Einführung. Lange möchte ich nicht in dieser Reminiszenz verweilen, weil mir da wieder bewusst wird, dass 1979 ein großes Bier vier Schilling kostete. Das sind umgerechnet knapp 30 Cent. Um diesen Betrag darf man sich heute in einem österreichischen Wirtshaus einen Bierdeckel für zehn Minuten ausborgen. Das schreit förmlich nach einer staatlichen Preisregulierung. Ich finde, der Österreicher hat das Recht, sich die Inflation zumindest schönzutrinken.

Die meisten politischen Reformen – sei es die Zusammenlegung der Sozialversicherungen, die Neubestellung des ORF-Stiftungsrats oder die Parteispendenobergrenze – haben auf unser tägliches Leben ähnlich viel Einfluss wie beim Karneval in Rio geworfenes Konfetti. Manche Medien versuchen, Politik deswegen auf Tratsch-Schlagzeilen runterzubrechen: „Skandal! Arbeitsminister kauft sich beim Obi eine Hängematte!" und „Wo bleibt da die Gleichberechtigung? Das zweite Baby der Frauenministerin ist wieder ein Bub!" Damit bewegt sich die Politik zunehmend auf dem Niveau eines Rosamunde-Pilcher-Films. Ich fürchte, um dem Boulevard zu gefallen, werden irgendwann Koalitionspartner im

Slim-Fit-Anzug ihre Vereinigung vor einem Schloss in Cornwall und bei Sonnenuntergang mit einem Kuss besiegeln.

Der erste Politiker, der mir als Kind in Erinnerung geblieben ist, war Bruno Kreisky. Er hat nach jeder Frage doppelt so lange nachgedacht wie gesprochen, ihm waren Umfragen ziemlich wurscht und in einen Slim-Fit-Anzug hätte man ihn auch nur ganz schwer pressen können. Ich glaube, in Anbetracht der gegenwärtigen politischen Anforderungen könnte Bruno Kreisky heutzutage bestenfalls stellvertretender Kassier beim Häkelverein Kritzendorf werden.

WOHLFÜHL-SCHWERMUT

Wenn mir jemand auf der Straße begegnet und mich fragt: „Und, wie geht's?", antworte ich gelegentlich: „Ich bin gerade traurig." In der Regel blickt man kurz nach einem solchen Befindlichkeitsouting in einen Gesichtsausdruck des Bedauerns. Der wäre gar nicht notwendig. Die Melancholie ist mir eine lieb gewordene Freundin. Eine Zeit lang hat auch meine emotionale Immunabwehr versucht, jede aufkeimende Verstimmtheit wegzudrücken. Mit Gesellschaft, Internetsurfen, Gin Tonic. Der Erfolg war stets überschaubar. Meistens blieb die Melancholie dadurch nur eine weitere Woche neben mir am Sofa sitzen.

Klopft sie mittlerweile an mein Gemüt, überrasche ich sie gern mit der Begrüßung: „Schön, dass du da bist! Willst an Kaffee?"

Diese Aufgeschlossenheit birgt nur die Gefahr, dass sie nachher weg ist. Nichts mag die Melancholie weniger als Menschen, die sie zulassen. Der Graufilter, den sie über meine Perspektive legt, führt mich durch den Tag. Die Melancholie zeigt mir im Supermarkt die einsame braune Banane im Obstkarton, die gerührte Sauermilch im Kühlregal, die drei eingedrückten Krapfen in der Plastikverpackung, auf denen ein Minus-70-Prozent-Sticker klebt.

Die Melancholie beschenkte uns stets mit wunderschöner Musik. Frédéric Chopins „Nocturne No. 2", Don McLeans „Vincent" und Ernst Moldens „Sebdemba". Um nur drei zu nennen. Die Lebensfreude hat „Hey Baby" geschrieben. Im Gegensatz zu ihrem pöbelnden Bruder, der Wut, kennt die Melancholie keinen Schuldigen. Weder dem Kanzler, der Kindheit noch dem Vollmond schiebt sie ihre Anwesenheit in die Schuhe. Sie genügt sich selbst. Doch wo bleibt jetzt der Trost? Meiner Erfahrung nach verhält sich die Melancholie wie das Feuerwehrauto beim Kinderkarussell. Es steht regelmäßig vor dir, aber du weißt, genauso regelmäßig zieht es wieder weiter.

TOTAL NORMAL

Ist es normal, dass wir im Sommer über die Hitze jammern, im Winter über die Kälte, im Frühling über die Pollen und im Herbst über den Nebel?

Ist es normal, dass der Mensch das einzige Lebewesen ist, welches von einem Wecker bestimmen lässt, wann der Schlaf zu Ende ist?

Ist es normal, dass jeden Morgen Tausende Autofahrer allein in einem Wagen mit fünf Sitzplätzen sitzen, um nebeneinander in dieselbe Richtung zu fahren?

Ist es normal, dass wir uns aus Bequemlichkeit schwere Pakete mit dem Boten bringen lassen und dann im Fitnessstudio noch viel schwerere Hanteln heben?

Ist es normal, dass ich mich über den schlechten Witz eines Freundes ärgere, obwohl ich ganz genau weiß, dass er den von mir hat?

Ist das alles normal? Ich frage für einen Verrückten.

DAS KABINETT DER VERLORENEN GEDANKEN

Schade, dass über den Schatten springen
keine olympische Disziplin ist.

Immer, wenn ich im Unrecht bin, denke ich mir:
Hurra! Wieder was gelernt!

„Mach dir nicht so viele Gedanken!" Das ist leider der einzige
Ratschlag, den in Österreich viele Menschen befolgen.

Manche Menschen werden zum ersten Mal liebevoll behandelt, wenn
sie im Sarg liegen und behutsam ins Grab hinuntergelassen werden.

Um dem gegenwärtigen Zustand der Adria gerecht zu werden,
sollte man jede Pizza di Mare mit einem Stück Autoreifen und
einem zerrissenen Plastiksackerl garnieren.

Gestern gehört: „Für dein Alter siehst du super aus!" Da frage ich mich
sofort, in welchem Alter müsste ich sein, damit ich doch hässlich bin.

Der große Vorteil vom Teletext war, man konnte darunter nichts
posten.

Bei jedem Telefonat mit meiner Mutter sage ich zu Beginn: „Stört es
dich, wenn ich das Gespräch zu Schulungszwecken aufzeichne?"

Im Radio meinte eine Aktivistin, die Banane als Banane zu
bezeichnen, sei ein Akt der kulturellen Aneignung. Deswegen nenne
ich die Banane ab sofort Regenwald-Käsekrainer. Ich hoffe, der
Banane geht es damit wieder besser.

Müssten wir für die österreichische Flagge ein passendes
Wappentier finden, wäre es vermutlich nicht mehr der Bundesadler,
sondern der Sündenbock.

Die beste Ortsangabe auf die Frage, wo man jedes Jahr Silvester feiert,
lautet: im Pyjama.

Ich wische mich 30 Minuten lang durch TikTok und der Algorithmus
weiß auf einmal ganz genau, was ich will. Folglich kennt mich TikTok
nach 30 Minuten besser als mein Psychotherapeut nach drei Jahren.

Ausbildungstipp für Eltern: Lernen Sie so laut zu schreien, dass die
Noise-Canceling-Kopfhörer Ihrer Kinder aus den Ohren fallen.

Die zwei Lieblingssätze der Boomer-Generation:
1 – „Früher war alles besser."
2 – „Wir hatten damals nix."
Die Synthese davon lautet: „Damals war früher nix."

Ein Hinweiszettel vor der Volkshochschule: „Der Kurs ,Absagen mit
Gelassenheit akzeptieren' findet heute nicht statt."

Mein absolutes Lieblingsverbotsschild:
„Vernünftige Radfahrer steigen hier ab,
für alle anderen ist die Weiterfahrt verboten."

Die wichtigsten drei Wörter in Spanien: Yo te quiero.
Die wichtigsten drei Wörter in Österreich: Brauchen S' a Rechnung?

Ein einziger Buchstabe kann eine politische Botschaft völlig
verändern:
Version 1:
„Ich appelliere an meine Wähler, ab an die Urne."
oder
Version 2:
„Ich appelliere an meine Wähler, ab in die Urne."

Ich sollte den Punkt „Wieder mal auf die To-do-Liste schauen"
auf meine To-do-Liste setzen.

Ein typisches First-World-Problem eines Superreichen: „Die Rotor-
blätter meines Privathubschraubers drehen sich derart laut, dass ich
auf meiner Frühstücksterrasse die Violinen des Kammerorchesters
kaum hören kann!"

Der Versuch, Hinweisschilder in Österreich freundlicher zu formulie-
ren: Statt „Ausfahrt freihalten, sonst wird abgeschleppt!" könnte man
auch schreiben: „Wenn Sie vor meinem Garagentor parken, kann ich es
leider nicht öffnen. Wir haben nicht zusammengeräumt."

Neuer Sicherheitshinweis: Dummheit schützt vor Gedanken.

Ein spanisches Begräbnis ist oft lustiger als eine
niederösterreichische Geburtstagsfeier.

Nationalstolz kommt erst mit den Lebensjahren.
Anders gesagt: Irgendwann wird aus dem kleinen
Ich bin Ich ein großes Mia san Mia.

Im Herbst verlieren etliche Blätter ihre Bäume.

*Nach einem burgenländischen Weinfest dachte ich mir: Gott sei Dank
kann bei Menschen nur der Fuß einschlafen und nicht auch die Leber.*

*Es gibt in Wien ein Parkhaus, da zahlt man pro Stunde eine
Gebühr von 9 Euro. Aus Verdienstgründen lassen sich jetzt einige
Elementarpädagogen am AMS zum Parkplatz umschulen.*

*Ich hätte eine Idee, wie wir unnötigen Konsum sofort verhindern
könnten: Es müsste ein Gesetz geben, dass wir alle zwei Jahre
umziehen müssen.*

*Einen ängstlichen Menschen erkennt man daran, dass er mit
Badeschlapfen in Gummistiefel steigt und über diese Moonboots zieht,
weil er sich nicht sicher ist, welches Wetter kommen wird.*

*Wenn ich jetzt ein ganz lieber Papa bin, worüber jammern dann
meine Kinder in 20 Jahren bei der Psychotherapeutin?
Deswegen dürfen sich problematische Eltern zumindest damit
schmücken, dass sie Arbeitsplätze schaffen.*

*Wo versteckte sich die Wut vor der Erfindung des Internets? So viel
Platz war auf der Leserbriefseite der Kronen Zeitung auch nicht.*

*Über Tiere, die wir essen, reden wir meistens respektlos. Beispiele:
blödes Schwein, deppades Hendl oder dummes Rindvieh. Über den
Fuchs und die Krähe sagen wir, sie seien schlau. Als Tier verschafft
man sich also Respekt, indem man nicht schmeckt.*

Die Hellhörige Panikkammer

Es gilt die Schuldvermutung

In einem Schuhgeschäft bat ich die Verkäuferin mehrmals, im Lager nach anderen Sneakers zu suchen. Irgendwas passte immer nicht. Länge, Breite oder die Anzahl der Belüftungslöcher. Eine halbe Stunde später lagen elf Paar Sneakers vor mir, doch überzeugen konnte mich keines. Dabei regte sich bei mir dieses „Die-Verkäuferin-hat-sich-so-bemüht"-Gefühl. Mit einem Gewissensbiss im Herzen blickte ich der vor mir knienden Schuhfachfrau lange in die Augen und sagte dann: „Ich glaub, ich nehm zwei Sohlenwärmer." An diesem Tag hatte es im Freien 29 Grad. Auf der Straße notierte ich in mein Handy ein neues Wort: Nicht-Schuhkauf-Scham.

Ich führe seit Jahren eine Liste, wofür sich der moderne Mensch schämen kann. Flugscham, Verbrennungsautoscham, Gasheizungsscham, Zu-wenig-Wasser-trink-Scham, Gurke-in-Plastik-kauf-Scham, Karrierescham, Nicht-Karrierescham … Der Speicher meines Smartphones ist zu 70 Prozent belegt mit Schamgefühlen. Mittlerweile schäme ich mich, wenn ich im Supermarkt eine leicht bräunliche Banane nehme und am Ende doch gegen eine attraktivere Artgenossin austausche. Zurück-leg-Scham. Als Kind dachte ich, ein Schamane sei jemand, der sich sehr viel schämt. Wäre das ein Beruf, ich hätte ihn sofort ergriffen.

Ein paar Tausend Jahre wanderte der Homo sapiens splitternackt über die Erde, bis jemand sagte: „Schäm dich! Gott will, dass du dein Geschlechtsorgan bedeckst! Außer in der Sauna, da darfst du!" Religion ist sehr kompliziert. Vielleicht kamen die Schamhaare so zu ihrem Namen. Weiters auf meiner Liste: Bei-Amazon-bestellt-Scham, Zahnseide-vergessen-Scham, Fürs-Schämen-schäm-Scham.

Bei aufkeimenden Schamgefühlen finde ich nur noch Trost bei folgendem Gedanken: Das Leben ist ein Wettbewerb und wer am meisten falsch macht, hat gewonnen. Ich glaube, ich stehe kurz vorm Highscore.

DiE VERZOGENEN ERZiEHER

Es gibt tatsächlich Eltern, die ihren Kleinkindern beim Bananenessen einen Helm aufsetzen. Die Logik dahinter: Das Kind könnte die Schale fallen lassen, auf dieser ausrutschen und sich den Kopf anstoßen. Die Würde des kleinen Menschen ist also antastbar. Die Frage ist, ob das Kind beim Verzehr eines Cornetto-Erdbeer den Helm absetzen darf. Die Gefahr ist ähnlich groß, doch möglicherweise darf in diesem Fall der Bananen-schäl-Helm seine Kompetenzen ausweiten. Hoffentlich kann man irgendwann Menschen, die vor dem Leben zittern, als Energiequelle erschließen. Strom aus Angst. Endlich eine Ressource, von der genug da ist. Zukunftspanik, Midlife-Crisis, der Blick auf den Cholesterin-Wert. Da liegt so viel ungenutztes Potenzial.

Ein furchteinflößender Satz meiner Kindheit lautete: „Lern was, sonst wirst Handwerker!" Diese Drohung hat sich über die Jahre zur Pointe entwickelt. In Anbetracht von derzeitigen Berufsperspektiven sagen mittlerweile In-

stallateure zu ihren Kindern: „Lern nix, sonst wirst Jurist!"
Seit Generationen wünschen sich besorgte Eltern für ihre
Kinder beruflich nur eines: einen Job mit Sicherheit. Früher
war das Banker, Arzt oder eine Stelle bei der ÖBB. Heutzu-
tage ist das noch am ehesten die Urlaubsvertretung von
ChatGPT.

Da man seine Eltern nicht enttäuschen will, stapft man
oft jahrzehntelang unmotiviert in deren beruflichen Vorstellungen umher. Nach 300 Psychopharmaka, 5000 Gin Tonics
und drei Yoga-Retreats folgt dann die späte Erkenntnis: Ab
jetzt mach ich, was ich will! Ich glaube, drei Wörter könnten
Menschen diesen Umweg ersparen: Folge deinem Interesse!
Ich bin nach wie vor überzeugt, dass man, wenn man unbedingt Choreograf für aserbaidschanischen Ausdruckstanz
werden will, später einen Job bekommt. Wo ein Wille ist, da
ist auch ein Tanzstudio. Doch als Mensch voller Widersprüche kann ich natürlich auf Drohungen nicht verzichten. Ich
finde nur, meine Mahnungen klingen liberaler als die meiner
Eltern. Gestern sagte ich zu meinem Sohn: „Tanz was, sonst
wirst du später Kabarettist!"

UNTER DER FUCHTEL

Brüssel will uns bevormunden. So liest man es ständig. Sofort entstehen in meinem Kopf Bilder, wie Ursula von der
Leyen am EU-Gipfel die Regierungschefs wie ihre Kinder
behandelt: „Solange ihr eure Füße unter meinen EU-Tisch
stellt …!" Oder sie droht: „Ihr könnts ja gern ausziehen! So
wie die Engländer! Da könnts euch dann aber die Schmutz-
wäsche selber waschen." Die ÖVP scheint sich vom Renaturierungsgesetz gegängelt zu fühlen. Nach dem Motto: Wir

lassen uns doch unsere schönen Kreisverkehre nicht von ein paar Mischwäldern zerstören. Bald werden sich die ersten ÖVP-Politiker vor die Eingangstüren von Baumärkten kleben und rufen: „Erst wenn der letzte Obi gerodet wurde, werdet ihr merken, dass man in der Lobau keinen Winkelschleifer kriegt!"

Als einfacher Bürger kennt man sich sowieso nicht aus. In der Corona-Zeit forderte die Regierung, dass ich der Wissenschaft vertrauen soll. Vor Kurzem haben 170 Wissenschaftler in einer Petition gefordert, das Renaturierungsgesetz zu unterzeichnen. Es gilt anscheinend Wissenschaft à la Pippi Langstrumpf: Ich mach mir die Forschung, wie sie mir gefällt. Manche Politiker lieben halt ihre Freiheit und sei es nur die Freiheit, nichts dazuzulernen.

In der Werbung wird mir seit Jahrzehnten das Auto als Freiheitsgewinn verkauft. Blitzblanke Sportcoupés cruisen über einsame Küstenstraßen in den Sonnenuntergang. Jetzt müssten wir, um in Österreich über Küstenstraßen zu gleiten, wieder Triest zurückerobern. Davon rate ich dringend ab. Und einsam ist man auf unseren Straßen nur, wenn man Nachttaxler ist. Meiner Einschätzung nach ist das Auto vielmehr eine Bevormundung auf vier Rädern. Kurz nachdem ich den Motor anwerfe, warten weit über 500 Regeln und Gesetze auf mich. Geschwindigkeitsbegrenzung, Alkoholverbot, Anschnallpflicht, Handyverbot, Abstand halten, Rechtsfahrgebot, Überholverbote, Warnwestenbesitzpflicht und beim Pannendreieck darf die Hypotenuse maximal um 4,13 Prozent länger als die Katheten sein. Ich warte darauf, dass jemand den Verband der anarchistischen Autofahrer gründet, dessen Vorsitzende im Büro des Verkehrsministers aufstampft und proklamiert: „500 Regeln! Selbst unter Moses gab es nur zehn Gebote! Und der ist über den Meeresgrund gereist! Also entscheiden Sie sich! Geschwindigkeit oder Alkohol. Eins muss ab morgen wurscht sein!"

Wer die ständige Bevormundung beklagt, sollte konsequenterweise nie heiraten. Mit einem einzigen lauten „Ja!" entscheidet man sich gleichzeitig für unzählige leise „Neins". Doch diese überhört die liebestrunkene innere Stimme. Auf Hochzeitsfotos wirken alle quietschvergnügt, als wäre das große Ziel, die lebenslange, schriftlich verbürgte Freiheitseinschränkung, endlich erreicht. Vielleicht sollten am Standesamt frisch verliebte Paare auch zu den vielen Restriktionen zustimmend nicken. Zum Beispiel: „Wirst du ab jetzt immer lächeln, wenn meine Eltern zu Besuch kommen?" oder „Wirst du wirklich bis zu meinem Tod den Müll runtertragen, selbst wenn er nicht deiner ist?" Die vielen Mini-Bevormundungen stehen in den Ehe-AGBs klein gedruckt auf der vorletzten Seite. Wenn man sich vor der Trauung alle Details genau durchlesen würde, könnte der Körper möglicherweise ziemlich unterschiedlich reagieren. Entweder mit einem warmen Herz oder mit kalten Füßen.

Kinder sind meiner Erfahrung nach richtige Bevormundungs-Fetischisten. Sie bestimmen, wann ich aufstehe, auf welchem Spielplatz ich sitzen darf und welche Essensreste mich, nachdem sie gegessen haben, ernähren werden. Dennoch hat noch niemand vor einer Geburtsklinik demonstriert und skandiert: „Freiheit! Stoppt den Zeugungswahn!"

Je älter man wird, desto häufiger verdächtigt man alles Mögliche, dass es über einen bestimmen will. Ich erwäge deswegen auch bereits, meinen Kaffeevollautomat zu verkaufen. Ich werde nämlich jeden Morgen nach dem Aufstehen von ihm mit folgender Meldung bevormundet: „Bohnen

nachfüllen." Danach folgt „Wasser auffüllen" und „Kaffee-
sieb leeren". Ich bin seit Jahrzehnten auf der Suche nach
meinem wahren Ich und das Einzige, was ich bis jetzt mit
Sicherheit weiß, ist: Ich bin der Sklave meiner Kaffeema-
schine.

MANN SUCHT ZUKUNFT

In den letzten 30 Jahren hat sich die Anzahl der Spermien
bei Männern halbiert. Über die möglichen Ursachen wird
im Epizentrum des Halbwissens, in Sozialen Medien, wild
spekuliert. Das Tragen warmer Windeln als Säugling, der zu
harte Fahrradsattel, oder ist es doch die Strafe Gottes für
eine weitere Staffel „Dancing Stars"? Ich vermute, dass im
Hoden ein Umdenken stattgefunden hat. In Anbetracht von
Klimaerwärmung, Überbevölkerung und Lehrermangel
wird der Dreischicht-Betrieb heruntergefahren. Kurzarbeit
ist eben auch ohne Pandemie möglich.

Überraschenderweise werden in einigen Ländern plötzlich mehr Mädchen als Buben geboren. Man könnte vermu-
ten, dass der Hoden jetzt auch noch den Feminismus in die
Hand nimmt. Vielleicht führt er gerade ein Produktions-
statut ein, dass in Zukunft 55 Prozent der Spermien Frauen
zeugen müssen. Diese Perspektive wird so manchem FPÖ-
Politiker die Leichenblässe ins Gesicht zaubern. Eine Quotenregelung im Geschlechtsorgan? Das darf nicht sein. Noch
nie gab es einen Rechten mit einem linken Hoden. Doch
wahrscheinlich fällt mittlerweile auch der Evolution auf, dass
im Fernsehen neben jeder Hiobsbotschaft ein Bild von einem ergrauten Krawattenträger eingeblendet wird. Anders
gesagt, die Zukunft der Menschheit liegt in der Verantwor-

tung von Männern mit überschaubarer Zukunft. Es müsste weltweit für männliche Despoten ein verpflichtendes Pensionsantrittsalter geben. Ich mag naiv erscheinen, aber ich bin davon überzeugt, dass sich die Welt in einem erfreulicheren Licht präsentieren würde, wenn die Frauen der derzeitigen Machthaber die Fäden in den Händen hielten. Sprich eine Frau Putin, eine Frau Orbán, eine Frau Erdoğan, eine Frau Xi Jinping und von mir aus, wegen der Quote, ein Herr von der Leyen. Das wird zwar nicht so schnell passieren, aber vielleicht in ein paar Jahrzehnten. Meine Hoffnung liegt im Hoden.

HAND AUFS HIRN

Im Fernsehen zeigten sie einen Bericht über eine moderne Autowerkstatt. Dort saßen in einer klinisch sauberen Halle Mechaniker auf Klappsesseln vor den zu reparierenden Fahrzeugen. Sie trugen Steve-Jobs-Rollkragenpullis, hatten manikürte Hände und tippten vermutlich Bremsen-Updates in ihre Notebooks. Ich hatte diesen Beruf anders in Erinnerung. Mein Onkel war Automechaniker. Sein Werkzeug war noch ein Schraubenschlüssel und kein USB-Stick. Seine Hände waren nicht gepflegt, sondern sie bestanden aus Hornhaut mit Nägeln. Als Kind war meine größte Sorge, dass mein Onkel mir bei der Begrüßung mit der Hand übers Gesicht streichelt. Die Wange musste nachher verarztet werden. Trotzdem bin ich davon überzeugt, dass unsere Hände viel lieber schrauben, meißeln und hämmern als wischen und tippen. Durch die zunehmende Vermeidung von manueller Arbeit steigt die Tollpatschigkeits-Inzidenz deutlich an.

Erst kürzlich beobachtete ich im Supermarkt zwei Jugendliche, die daran scheiterten, mit der Greifzange Gebäck aus der Brotbackbox zu entnehmen. Nachdem bereits vier Kornspitz auf dem Boden lagen, legten sie die Zange weg und kauften sich einen Nussstrudel. In Japan werden, um die Treffsicherheit zu erhöhen, bereits Klaviere mit doppelt so großen Tasten gebaut. In manchem Möbelhaus bieten sie für Brotdosen ein Montageservice an und es kann kein Zufall sein, dass man in Österreich auch Schuhe mit Klettverschluss in den Größen 40 bis 45 erhält.

Doch sitzt dann der von der Computerarbeit erschöpfte Mensch in einer Burn-out-Klinik, lernt er dort als Erstes wieder Schnitzen, Hämmern und Töpfern. Das ist kein Aufruf an Politiker, aber wir sollten uns die Hände wieder öfter schmutzig machen. Sonst können wir sie in ein paar Jahren nur noch zum Beten verwenden. „Lieber Gott, gib mir die Kraft, mir selber die Schuhe zu binden. Amen."

Die Vorsorgesorge

Um Kontrolle über den Körper zu erlangen, erfreuen sich Selbstvermessungsuhren großer Beliebtheit. Viele Menschen überprüfen unentwegt den Blutdruck, den Puls, die absolvierten Schritte. In den USA wird gerade eine Selbstvermessungsuhr verkauft, die mit den Geräten im Haus verbunden ist. Erst ab 20.000 Schritten darf man sich am Abend einen Film gönnen. Irgendwie grotesk, als Kind erhielt ich noch von meinen Eltern Fernsehverbot, als Erwachsener übernimmt das Fernsehverbot der Fernseher.

Ein weiterer Trend ist das Vorsorge-MRT. Das bedeutet, es legen sich gesunde Menschen in eine Röhre, in der Hoffnung, dass der Radiologe etwas findet. Ein Arzt versicherte mir, dass man im MRT immer etwas entdeckt. Und sei es nur das Auge eines Stoff-Krokodils, das man als Kind verschluckt hat. Das häufig in Gesundheitsmagazinen zu lesende Wort „Vorsorgeuntersuchung" war mir noch nie sympathisch. Im Wort Vorsorgeuntersuchung steckt die „Sorge" und das Wort „Vor". Also, ich sorge mich vor der Sorge, und zwar in der Hoffnung, dass die Sorge nach der Untersuchung berechtigt ist. Falls das Ergebnis der Vorsorge „unberechtigt" lautet, pilgere ich einfach weiter zum Nachsorge-CT-Scan.

Doch hat es wirklich ausschließlich Vorteile, sich ständig überprüfen zu lassen? Habe ich nicht das Recht, mich über den Zustand meines Körpers zu belügen? Und selbst wenn ich nach einer viertägigen Vorsorgeuntersuchung im Krankenhaus erfahre, dass mein Körper bei guter Führung mindestens noch weitere 30 Jahre am Tachometer hat, kann ich dann erleichtert aufatmen? Denn schließlich kann es passieren, dass ich nach einem positiven Vorsorgebefund bestens gelaunt das Spital verlasse und wenige Sekunden später trifft mich aus dem 7. Stock des Krankenhauses ein Blumentopf.

LEBEN AUF DER VORSPULTASTE

Vor Kurzem ereilte mich per Mail eine überraschende Einladung. „Besuch unser Speeddating-Event! Im Alt-Wiener Kaffeehaus Mokkal, in der Nähe des Praters. Das Motto lautet: 15 Singles in 15 Minuten."

Dating wird immer mehr zum Abklappern von Paarungsoptionen. Ein Schaufensterbummel, nur stehen halt Menschen in der Auslage. Diese Kennenlern-Minute will gut eingeteilt sein. Ich würde 29 Sekunden über den Beruf plaudern, 27 Sekunden über Hobbys und vier Sekunden über Haustierallergien. Danach wischen wir uns wie auf TikTok gegenseitig zum nächsten Reiz. Klingt stressig. Auf der anderen Seite, falls es die Liebe auf den ersten Blick tatsächlich gibt, werden sich beide Singles fragen, wie sie jetzt die restlichen 59 Sekunden verbringen.

Obwohl unsere Lebenserwartung massiv ansteigt, bleibt für die Partnerwahl immer weniger Zeit. Im Mittelalter sind Ritter sechs Monate lang für eine potenzielle, jedoch weit entfernte Ehefrau auf einem Pferd gesessen. Heutzutage reist man dafür maximal drei Stationen mit der U2. Doch die Menschheit steigt weiterhin aufs Gaspedal. Ständig lese ich neben Speeddating von Trends wie Fast-Reading, Blitz-Yoga und Tempo-Sleeping. Vermutlich überspringe ich dabei jeden zweiten Traum oder ich schnarche einfach schneller.

Die meisten Mails, die ich bekomme, enden mit „Lg", weil „Liebe Grüße" anscheinend zu zeitfressend ist. Neulich klebte meine Tochter auf den Kühlschrank ein Post-it, auf dem stand: „KDVBMUZM?" Das heißt übrigens: „Kannst du vom Billa Milch und Zucker mitbringen?" Ich schrieb darunter: „J", weil „Ja" war mir zu lang.

SINNES-WANDEL

Seit letztem Jahr lese ich jede Zeitung mit Abstand. Meine Altersweitsichtigkeit zwingt mich dazu. Oft frage ich mich, was mir meine kraftlosen Augen sagen möchten. Vielleicht, dass sie über etliche Themen nichts mehr lesen wollen. Nahostkonflikt, Lehrermangel, Freunderlwirtschaft. Was war davon je anders? Ich fürchte, dass sich im Alter die aufregungsmüden Augen überhaupt nur noch beim Wetter, beim Fernsehprogramm und bei einer spanischen Prinzessin mit Baby scharf stellen.

Mein Interesse an der Welt stemmt sich noch dagegen. Deswegen liegen inzwischen bei mir zu Hause 20 verschiedene Lesebrillen herum. Doch keine, die sich finden lässt. Es sei denn, mein Sohn landet nach einem Ninja-Turtles-Move von der Sofakante direkt auf einer. Das unverkennbare Knirsch-Geräusch informiert mich dann, dass wir nun bei 19 sind. Aus Angst vor einer etwaigen Augengläser-Verknappung besorge ich mir sofort Ersatz. Lesebrillen sind mein Klopapier.

In den letzten Jahren haben sich auf Einkaufsstraßen die Brillen- und Gehörbehelfgeschäfte epidemisch ausgebreitet. Auf diesen flanieren immer häufiger Menschen mit künstlichen Gelenken, neuen Hüften und dritten Zähnen. Der Mensch wird immer mehr zum kubanischen Straßenkreuzer. Eigentlich kaputt, aber man schraubt weiter. Immer in der Hoffnung, dass die Krone der Schöpfung weiterhin ein Pickerl kriegt.

AUF DER HUT

Es gibt sie also doch, die Fast-Food-Universitäten, von denen man sich quasi einen Magister to go einpacken lassen kann. Seit Jahren werden deswegen die Diplom- und Doktorarbeiten sämtlicher Regierungsmitglieder überprüft. Meine Gedanken sind bei den Ministern, die sich jede Nacht schweißgebadet im Bett wälzen müssen. Vielleicht bleiben am Ende eines umfangreichen Regierungsvergangenheitschecks nur noch die zwei Polizisten vorm Bundeskanzleramt als Unbescholtene übrig. Doch kein Grund zur Häme – wer im Leben noch nie geschummelt hat, der werfe den ersten Stein.

Wenn man mir sämtliche Dokumente entziehen würde, die ich in der Grauzone der Redlichkeit absolviert habe, bliebe vermutlich mein Impfpass über. Selbst bei meiner Freischwimmerprüfung habe ich mir heimlich zwei Luftpolster in die Badehose gesteckt. Ich schwimme wie die meisten Österreicher. Nicht besonders gut, aber irgendwie komme ich ans andere Ufer. Ich behaupte, dieser pragmatische Zugang zum Können ist fest in unserer DNA verankert. In diesem Land beruhen zahlreiche Bildungskarrieren auf der Strategie des „Durchwurschtelns".

Der Staat hat diese lieb gewordene Tradition sogar übernommen und zum „Weiterwurschteln" perfektioniert. Pensions-, Föderalismus- und Bildungsreform können ein Lied davon singen. Vielleicht sollte Österreich irgendwann bei der UNESCO „das Wurschteln" als Weltkulturerbe anmelden. Wenn aufgrund der Klimaerwärmung sämtliche Skipisten den Bach runtergehen, brauchen wir dringend andere Attraktionen, die wir ausländischen Gästen präsentieren können. Übrigens, in einem Fachmagazin las ich, dass sich Bakterien und Viren Tarnkappen aufsetzen, um sich am Immunsystem vorbeizuschleichen. Man kann den Erregern vieles vorwerfen, aber integriert sind sie.

AUGEN ZU UND DURCH

Um drei Uhr früh lautet auf Google eine der häufigsten Suchanfragen: „Warum kann ich nicht einschlafen?" Einer der ersten Tipps lautet: „Hören Sie auf zu googeln!" Die moderne Schlafforschung empfiehlt, aus dem Schlafzimmer so ziemlich alles zu entfernen. Außer vielleicht das Bett. In diesem Zusammenhang zitiere ich gern den US-amerikanischen Schauspieler Groucho Marx: „Alles, was nicht im Bett getan werden kann, ist es ohnehin nicht wert zu tun."

In meiner Jugend war ich ein begnadeter Schläfer. Ich beherrschte die Fähigkeit, mich stehend in der Straßenbahn am Haltegriff festzuhalten und einzunicken. Ganze Vormittage fuhr ich mit der 41er-Straßenbahn im Kreis.

Dass man im Schlaf lernen kann, beweist, dass ich bis heute alle 18 Stationsnamen auswendig kann. Meine einzige Motivation für den regelmäßigen Schulbesuch war das Wort Fahrscheinkontrolle.

Mit den Jahren hat sich mein Schlaf zur Diva entwickelt. Derzeit überziehe ich für ihn regelmäßig eine Neun-Zonen-Komfortmatratze, platziere für ihn einen Seitenschläferpolster und bedecke meinen Körper sogar mit einer neun Kilo schweren Therapiedecke. Der erzähle ich nicht nur meine Probleme, sondern deren Gewicht verhindert, dass ich mich in von Albträumen geplagten Nächten ständig wälze. Natürlich könnte ich mir auch einen kleinen Bernhardiner auf den Rücken legen, aber die Therapiedecke hat den Vorteil, dass sie weder sabbert noch Gassi muss.

Vor Kurzem wurde mir eine Schlaf-App empfohlen, die mich über den idealen Zeitpunkt zum Schlafengehen informiert. Gestern blinkte um 18.32 Uhr zum ersten Mal der Befehl „Sleep now" auf meinem Handydisplay. In diesem Moment wurde mir bewusst, wie viel das Internet tatsächlich über mich weiß. Ich stand nämlich gerade in der Straßenbahn.

JUGEND OHNE SPOTT

Neulich stürzte mein Sohn in mein Büro und fragte mich, ob in seinen Pufuletis Palmöl drinnen sei. Achselzuckend las ich mir auf der Verpackung die Inhaltsstoffe durch. Palmöl fand ich nicht. Dafür Mononatriumglutamat, Dinatriumguanylat und Dinatriuminosinat. Ich nahm ihm die Pufuletis weg. Mich beschlich der Eindruck, dass selbst eine mit Germknödeln belegte Grammelschmalz-Pizza gesünder sein könnte. Doch sein Anliegen gab mir zu denken.

Mir waren als Kind die Inhaltsstoffe meiner Salamisemmel völlig egal. Die Wurst hätte von kontaminierten Mastschweinen aus Tschernobyl stammen können, ich hätte freudvoll reingebissen. Gelegentlich beneide ich mich um meine Kindheit. Ich wusste nichts von Taliban, Regenwaldrodungen und Weltraummüll. Meine Weltreichweite war die Bezirksgrenze von Währing. Bereits Hernals war exotisches Ausland.

Der heutige Nachwuchs muss sich mit der globalen Plastikvermeidung und dem weltweiten Artenschutz beschäftigen. Im Vergleich dazu fehlte uns jegliches gesellschaftspolitisches Interesse. Wir waren zwar gegen Nazis, aber nur weil die Mädchen, die wir attraktiv fanden, auf ihre Rucksäcke „No Nazis"-Sticker genäht hatten. Wenn auf den Rucksäcken „No Photosynthese" gestanden wäre, hätten wir vermutlich auch dem zugestimmt. Keiner von uns wäre jeden Freitag auf eine Demo zur Weltrettung gegangen. Am Freitag saßen wir ab 9 Uhr früh im Café Stadtbahn und nachmittags war Bandprobe. Während dieser vormittäglichen Schul-Sabbaticals besprachen wir unsere beruflichen Ziele, wobei die seriöseste Idee auf dieser Liste Schutzgelderpresser lautete. Wir wurschtelten uns durch die Adoleszenz ohne Angst vor Arbeitsrobotern, CO_2-Ausstoß und bewaffneten Autokraten. Manchmal wünsche ich dem heutigen Nachwuchs wieder 10 Deka von dieser Naivität.

MEiN LEBEN ZWiSCHEN NiCHT RiCHTig UND FALSCH

Vor Kurzem bestellte ich im Internet Tennisschuhe. Prompt meldete sich mein schlechtes Gewissen zu Wort: „Bravo Klaus, mit dieser Bestellung verliert jetzt irgendwo im stationären Schuhhandel ein Mitarbeiter seinen Arbeitsplatz." Natürlich konterte ich innerlich, dass ich dadurch vielleicht einen Arbeitsplatz für einen Paketdienstfahrer schaffe. Doch ehrlich gesagt bin ich diese ständigen moralischen Zwickmühlen leid.

Fliege ich mit dem Flugzeug, zerstöre ich das Klima; fliege ich nicht, zerstöre ich die Fluglinie. Arbeite ich viel, habe ich kein Leben; arbeite ich wenig, habe ich keine Pension. Esse ich eine gespritzte Gurke aus dem Marchfeld, ist es falsch; esse ich eine Biokiwi aus Neuseeland, wahrscheinlich auch. Trinke ich ein Bier, schade ich meiner Leber; trinke ich kein Bier, schade ich meinem Wirt.

Verwende ich eine Nespresso-Kapsel, leidet die Umwelt; verwende ich keine, leidet George Clooney. Fahre ich auf Urlaub in die Türkei, unterstütze ich Erdoğan, in Ungarn Viktor Orbán, in Venezuela immer einen anderen verrückten Despoten.

Bald verbringe ich meine Urlaube nur noch in Andorra. Dort kenne ich den Regierungschef nicht. Habe ich als Kabarettist Erfolg, verdirbt das meinen Charakter; habe ich keinen, verende ich bei den „Dancing Stars".

Ich bin zunehmend verunsichert. Ich prüfe bei jeder Unterhose, ob sie in Bangladesch genäht wurde, ob ich beim Geschirrspüler die Energiespartaste gedrückt habe, und selbst meine Katze bekommt nur noch laktosefreie Biomilch von lächelnden Freilandkühen.

In Indien verklagte ein Junge seine Eltern vor Gericht, weil sie ihn geboren haben. Das werde ich jetzt auch machen. Denn, seien wir ehrlich, der wahre gute Mensch kommt erst gar nicht auf die Welt.

DiE MACHTERGREiFUNG DER SEEGURKEN

Neulich biss mich beim Füttern unser Zwergkaninchen in den Finger. Während das Blut zu Boden tropfte, hoppelte es gut gelaunt zurück in den Holzverschlag. Ich bin mir nach wie vor sicher, dass ich danach das Kaninchen kichern hörte. Für mich ist dieser Vorfall ein weiterer Beweis, dass immer weniger Tiere ihre Aggressionen im Griff haben. In Salzburg wurde ein Kind von einem Adler attackiert, aufgrund von Hundebissen teilt sich bei einigen Boulevardzeitungen der Rottweiler mit dem Pitbull-Terrier alternierend das Titelblatt und in Gastgärten umkreisen angriffslustige Wespen jedes Grillkotelett, als planten sie ein zweites Pearl Harbor.

Hinzu kommt der immer näher rückende Speckgürtel-Wolf. Es ist nicht auszuschließen, dass der Wolf irgendwann auf der Ringstraße sitzt und das Parlament anheult. Vermutlich werde ich mich dann zu ihm gesellen und mitheulen. Wenn auch aus anderen Motiven.

An dem gesteigerten Selbstbewusstsein der Tierwelt ist der Mensch durchaus beteiligt. Jeder Hund kann nur verwundert zur Kenntnis nehmen, dass ihm sein Besitzer beim Gassigehen den Kot in einem Sackerl hinterherträgt. Es gilt als unwahrscheinlich, dass der Hund das für sein Herrl auch machen würde, und wenn man sich durch die Tierbilderflut auf Sozialen Medien scrollt, hat man den Eindruck: Katzen würden Facebook kaufen.

Vielleicht stehen wir kurz davor, dass Tiere die Verantwortung für den Planeten wieder an sich reißen. Chihuahuas, Bergmolche und Silberfischchen haben möglicherweise bessere Antworten auf die großen Fragen Klimawandel, Armutsbekämpfung und Schilddrüsenunterfunktion. Befreit von jeder Verantwortung liege ich als Mensch in Zukunft nur noch auf einer Wiese. Gelegentlich werde ich mich auf den Rücken drehen und mir dann von einem Labrador den Bauch kraulen lassen.

ÜBERWACHTE GEFÜHLE

Ein neues Schild auf internationalen Flughäfen verkündet: „Bitte beschränken Sie Ihre Umarmungszeit auf maximal drei Minuten." Diese Maßnahme versucht, Stau aufgrund von ausgiebigen Verabschiedungen zu verhindern. Das wirft Fragen auf. Wann wurde ich das letzte Mal drei Minuten lang umarmt? Ich vermute als Baby. Wer kontrolliert die drei Minuten? Gibt es jetzt auf Flughäfen den neuen Beruf des Umarmungsüberwachers? Ein Kontrollorgan, welches mit einer Stoppuhr neben den Verflochtenen steht und nach einer dreiminütigen Liebkosung ins Megafon brüllt: „Hier spricht die Zärtlichkeitspolizei! Geben Sie sofort Ihre Hände auf den Rücken!" Anstatt die Dummheit zu beschränken, beschränkt man also Körperkontakte. Bald steht vielleicht für Brautpaare am Standesamt auf einer Hinweistafel: „Maximale Kussdauer drei Sekunden." Oder man platziert dort gleich jenes Schild, welches häufig vor Schulen steht: „Kiss & Go".

Vor einigen Jahren wurde in einer Studie untersucht, wie häufig sich in verschiedenen Ländern Gesprächspartner pro Stunde berühren. Puerto Rico: 134 Mal, Italien: 37 Mal, Österreich: dreimal. Ich nehme an, zwei Berührungen davon sind der Handschlag, bei der dritten sagt man: „Entschuldigung, wollt ich nicht." Dabei sehnen sich Menschen nach Körperlichkeit. Auf Facebook bekam ich schon einige Male Einladungen zu Kuschelpartys. „Kein Sex, nur drücken." Ich dachte mir, sehr gern, aber vielleicht nicht am Flughafen.

Vermutlich sollte man auch Despoten häufiger in den Arm nehmen. Ein dabei ins Ohr geflüstertes „Deine Mama hatte dich lieb" könnte Frieden stiften. Zumindest inneren. Die Berührung ist, wenn von beiden Seiten erwünscht, die Königin unter den Interaktionen. Aber wichtiger wäre, dass in einigen Internetforen folgender Hinweis erscheint: „Bitte beschränken Sie Ihren Hass auf maximal drei Wörter."

FACHKRÄFTE DER FINSTERNIS

Seit 20 Jahren sinkt in Österreich die Anzahl der Autoeinbrüche drastisch. Angeblich liegt das auch in diesem Bereich am Fachkräftemangel.

Gleichzeitig erklären mir ständig gegenwartsskeptische Menschen, dass früher alles besser war. Daraus schließe ich, dass man der Jugend die vom Aussterben bedrohte Tätigkeit des Autoknackers vielleicht wieder schmackhaft machen sollte.

Das AMS veröffentlicht bald folgende Stellenanzeige: „Sie sind ein gelenkiger, feinmotorisch geschickter Nachtschwärmer? Sie besitzen die Fähigkeit, nur mit dem Mond als Lichtquelle zu arbeiten? Sie behalten eine ruhige Hand, selbst wenn Sirenen heulen? Sie wissen, dass Autoradios mit Kassettendeck zu alt sind? Dann sind Sie bei uns richtig. Wir suchen dringend männliche und weibliche KFZ-Sound-System-Befreier. Ihr Arbeitsplatz sind dunkle Parkplätze in wohlhabenden Bezirken. Wir bieten eine Tätigkeit mit viel Frischluft und noch mehr Adrenalin. Besonders möchten wir unsere flexiblen Arbeitszeiten zwischen Mitternacht und vier Uhr früh hervorstreichen. Homeoffice ist leider nur möglich, wenn Ihnen ein Parkhaus gehört. Wir bieten Ihnen ein hochmotiviertes, stresserfahrenes Team, welches Sie gern abholt, wenn die Polizei auftaucht. Idealerweise können Sie zwei Jahre Vorerfahrung im Bereich Tresor-Aufbrechen und Schutzgelderpressung vorweisen. Um Ihre Qualifikation überprüfen zu können, lassen Sie uns bitte Ihr umfangreiches Vorstrafenregister zukommen. Bewerberinnen und Bewerber mit einem tadellosen Lebenslauf können wir leider nicht in Betracht ziehen. Einschränkend wollen wir festhalten, dass in unserem Betrieb während der Dienstzeit ausnahmslos Maskenpflicht herrscht. Im Gegenzug versprechen wir Ihnen eine Tätigkeit mit einem nach oben hin offenen, steuerfreien Gehalt. KFZ-Sound-System-Befreier ist definitiv ein Job, der Türen öffnet.

Im Falle von beruflichen Fehlschlägen freuen sich unsere Sabbatical-Zentren in Graz-Karlau, Stein oder Josefstadt auf Ihren Besuch. Sie können dort im Rahmen einer Bildungskarenz Ihre Fähigkeiten mit Feile und Code-Scanner ausbauen. Bitte brechen Sie in einer der kommenden Nächte die Eingangstür des AMS auf und hinterlassen Sie Ihre Bewerbung auf dem Bürotisch in Zimmer 213, 3. Stock."

Wer weiß, vielleicht klopft mit genau solchen Anzeigen die gute alte Zeit tatsächlich wieder an die Tür. In diesem Fall wird das Arbeitsamt wohl auch bald nach Nachwuchskräften im Bereich Postkutschenüberfall suchen.

ERDE WÜNSCHT FRÜHJAHRSPUTZ

„Bitte verlassen Sie das WC so, wie Sie es vorgefunden haben." Immer, wenn ich diese wohlmeinende Aufforderung an der Wand einer Zugtoilette lese, denke ich an unseren Planeten. Ich hoffe nämlich, dass vor 300.000 Jahren die ersten Homo sapiens niemals auf eine ähnliche in Stein gemeißelte Botschaft gestoßen sind: „Bitte verlassen Sie die Erde so, wie Sie sie vorgefunden haben." Wenn doch, dann wird es höchste Zeit, dass wir Menschen endlich mit dem großen Aufräumen beginnen. Millionen von Eltern mahnen täglich ihre Kinder: „Bitte räum endlich dein Zimmer zusammen." Gleichzeitig hinterlassen wir genau diesen Kindern mit der Erde einen ziemlichen Saustall. Das Argument meiner Tochter „Räumts ihr mal den Planeten auf, dann fang ich auch mit dem Zimmer an!" scheint da nicht ganz unberechtigt.

Doch in einem Gedanken können wir Erwachsenen vielleicht Trost finden: In acht Milliarden Jahren ist es mit diesem Planeten sowieso vorbei. Da dehnt sich dann die Sonne aus und verschlingt die Erde. Laut der Expertise eines Astronomen kann die Menschheit diese unvermeidbare Katastrophe mit Umweltbewusstsein und Nachhaltigkeit um ungefähr vier Tage nach hinten verschieben. Deswegen gibt es immer mehr Österreicher, die bereits erleichtert aufseufzen: „Was? Schon in acht Milliarden Jahren wird die Erde von der Sonne verschlungen? Also, da fang ich heute nichts mehr an!"

LEiCHT & SiNN

Vor Kurzem saß im Railjet neben mir ein Jugendlicher, der mir erklärte, dass er seine Augenfeuchtigkeit täglich mit einer App misst. „Fühlen sich meine Augen trocken an, schlägt sofort der Dürre-Detektor an. Am Display steht dann eine Zahl, die mir sagt, wie häufig ich pro Minute zwinkern soll." Ich fragte nach: „Und wie nennt man diese Methode? Betreutes Blinzeln?" Er ignorierte meine Bemerkung.

Nachdem ich den Jugendlichen genauer betrachtet hatte, war ich erleichtert, dass er ganz ohne App Folgendes beherrschte: einatmen, ausatmen. Er fotografierte seinen Müsliriegel, wischte am Handy rum und drückte ihn mir in die Hand: „Schenk ich Ihnen." „Wieso?" „Enthält Erythrosin." „Aber das enthält er doch auch bei mir!" „Ja, aber in Ihrem Alter ist das wurscht."

Ich biss sofort hinein und war erleichtert, dass ab einem gewissen Alter der Körper die aktive Selbstzerstörung resignativ akzeptiert. Ehrlicherweise wusste ich auch nicht, was Erythrosin ist. Unwissenheit schützt vor schlechtem Gewissen. Doch dieser adoleszente Sitznachbar reihte sich in eine schon länger getätigte Beobachtung: Die Jugend wird immer vernünftiger. Viele von ihnen verzichten auf Zigaretten und Alkohol und gehen vor Mitternacht schlafen. Zu meiner Zeit gab es einen einzigen Hoffnungsträger für einen förderlichen Lebensstil: die Schulmilch. Jedoch wurde auch diese am Nachmittag im Gebüsch zu einem White Russian verrührt. Ich glaube, nichts war meiner Generation während der Pubertät gleichgültiger als Ruhepuls, Viszeralfett und Augentrockenheit.

Die ständige Selbstkontrolle ist vermutlich ein Zeichen von Weitsichtigkeit, aber wenn im Leben ständig die Vernunft die Zügel in die Hand nimmt, müssen wir auf einiges verzichten. Rolltreppen, Soziale Medien, Nutellapalatschinken. Die Vernunft würde uns auch das Aussterben empfehlen, da das erstens heilsam für den Planeten wäre und zweitens Kinder alles Mögliche sind, aber sicher kein Akt der Besonnenheit.

Auf der inneren Pro/Kontra-Liste zum Thema „Soll ich Kinder zeugen?“ steht auf der Minusseite so einiges: „permanenter Schlafmangel, unentwegte Sorgen, Liebeslebenkiller, man isst nur das, was übrig bleibt, man verbringt seinen einzigen Urlaub in einem neongrünen, stinkenden Plastikhäuschen, welches im Spielzimmer eines überteuerten Kinderhotels steht, und muss dort für die vierjährige Tochter abgestandenes Wasser aus einem Lillifee-Häferl schlürfen.“

Die Liste ließe sich endlos fortsetzen. Auf der Plus-Seite für die Nachwuchsproduktion steht nur ein Punkt: „tiefgehende Liebeserfahrung“. Doch der genügt. Wenn sich im Gehirn die Gefühle melden, sitzt der Verstand sofort auf der Ersatzbank.

Als 16-Jähriger war ich bis über beide Ohren in ein um ein, zwei Jahre älteres Mädchen namens Marion verliebt. Obwohl wir uns nur flüchtig kannten, dachte ich, dieses Gefühl beruht auf Gegenseitigkeit. Mein Plan war, sie, dem damaligen Budget entsprechend, zu einem Würstelstand auszuführen. Deswegen stand ich eines Tages als Hot Dog verkleidet vor ihrer Schule, hielt eine Ukulele in der Hand und sang in ihre Richtung: „How deep is your love?" Dank dieser Aktion wurden innerhalb weniger Augenblicke drei Irrtümer aufgedeckt.

Marion wusste überhaupt nicht, wer ich war, hasste die Bee Gees und war Vegetarierin. Auch wenn dieses Erlebnis bei mir eine klaffende Wunde hinterließ, eines beweist es im Nachhinein: Die Vernunft hat meistens recht, aber die Unvernunft erzählt viel schönere Geschichten.

DER FLUR DER FLÜCHTIGEN EINFÄLLE

Eigentlich schade für den Planeten, dass man den Klimaanbieter nicht wechseln kann.

Ohne die Erfindung des Aufzugs würden sämtliche Vorstände im Erdgeschoß sitzen und der Portier hätte die Dachterrasse.

Im Beipackzettel meines Gastritis-Medikaments steht als mögliche Nebenwirkung: Tod. Eine Win-win-Situation. In beiden Fällen endet mein Völlegefühl.

Sämtliche Produkte, die ich im Mai auf Amazon bestellte, bildeten im Juni die Inventurliste meines Garagenflohmarkts.

Ich werde mein Testament zu meinen Gunsten ändern.

Der Paartherapeut schlug uns Beziehungsarbeit vor.
Das klingt sehr negativ.
wir nennen es jetzt Urlaub vom Beziehungsurlaub.

Im Buddhismus sagt man: „Du musst nichts erreichen." An einem St. Pöltner Würstelstand hörte ich die österreichische Version dieser Weisheit: „Für Karriere bin ich einfach zu müde."

Nach einer repräsentativen Umfrage in meinem Gehirn bin ich ein Opfer.

Mit 20 konnte ich, nachdem ich drei Bier, fünf Gin Tonics und sieben Schnäpse getrunken hatte, noch immer sehr gut schlafen. Seit meinem 40. Lebensjahr genügt für schlechten Schlaf ein halbes Linzer Auge, welches ich nach 18 Uhr gegessen habe.

Wenn ich um vier Uhr nachmittags einen Teppich zusammenrolle
und ins Auto verlade, ist das normal.
Wenn ich um vier Uhr früh einen Teppich zusammenrolle
und ins Auto verlade, ist das verdächtig. Timing ist wirklich alles.

Die beste Entscheidung meines Lebens lautet:
Ich besitze nur noch schwarze, gleich lange Socken.

Lukas ist ein Anagramm von Klaus. Trotzdem gibt es nach meinem
Namen weder ein Evangelium noch einen berühmten Lokomotivführer.

Auf dem Partezettel steht: „Hubert Peschl wurde mit 89 Jahren mitten
aus dem Leben gerissen." Eine optimistische Verwandtschaft erkennt
man daran, dass sie von dir erwartet, 178 Jahre alt zu werden.

Es bräuchte eine Saugglocke für Gedanken.
Wenn das Gehirn verstopft ist, legt man diese an den Kopf, es macht
„Plopp" und schon fließen die Gedanken wieder weiter.

Es heißt immer, Gesundheit sei das Wichtigste. Ich bin mir nicht sicher.
Auf der Titanic waren alle Passagiere gesund.

Ich hätte gern vor meinem Gehirn einen Türsteher, der sagt:
„Nein, diese Meinung darf hier nicht herein."

Es gibt tatsächlich eine Wiener Anwältin, die eine Scheidungsboutique
betreibt. Ich besuchte sie gleich in der Kanzlei und sagte:
„Ich hätte gern eine Scheidung, die farblich zu meiner Hose passt."

Wer nackt schläft, hat keine Angst vorm Feueralarm.

*Auch das Bewusstsein bestimmt das Sein. Deswegen sage ich nie, dass
ich arbeite, sondern ich mache gerade ein Sabbatical vom Sabbatical.*

*Am Elternabend sprach ein Vater eine halbe Stunde über seinen Sohn.
Jetzt bin auch ich davon überzeugt:
Man kann sein Kind zum Genie saufen.*

*Unter meiner Mathematikschularbeit ist einmal gestanden:
„Bemüht, trotzdem nicht genügend." Das ist eigentlich eine doppelte
Beleidigung. Es heißt übersetzt: „Du hast dich voll angestrengt,
bleibst aber ein Trottel."*

*Aufgrund der Inflation wird irgendwann ein Millionär
zur unteren Mittelschicht gehören.*

*In den letzten Jahren klingt das Knurren meines Magens exakt wie
das Vibrationsgeräusch beim Erhalt einer SMS. Dazu meine
Verschwörungstheorie: Mein Bauch bekommt mittlerweile direkt
Werbenachrichten von Billa, Spar und Hofer.*

*Oft ist der vielversprechendste Weg zum Glück,
wenn man für seine Eltern eine Enttäuschung ist.*

*Wäre mein Leben ein Film, würden sich die Zuschauer über die
ständigen Logikfehler beschweren.*

*Der Verkäufer im Sportgeschäft:
„Das ist ein Tennisschläger, der viel verzeiht."
Ich: „Fein, ich bräuchte jedoch eine Partnerin, die viel verzeiht."*

Leider kann ich nur mit meinem Gehirn über mein Gehirn nachdenken. Der Mensch besitzt zwei Nasenlöcher, aber keine zwei Gehirne. Dabei hätte das eindeutig mehr Vorteile.

Die Autokorrektur hat mein Leben zur Hülle gemacht.

Ich fürchte, ich werde meinen Enkelkindern nichts hinterlassen außer einem unbewohnbaren Planeten und einer Million Selfies.

Sätze mit „alle", „immer", „nie", stimmen alle immer nie.

DAS BÜRO FÜR PROKRASTINATION

Leider wurden hier alle geplanten Texte
bis auf Weiteres verschoben.

DER SALON DER GUTEN HOFFNUNG

ZUTRITT NUR FÜR UNBEFUGTE

Es gibt Klischees, die stimmen einfach. Für mich gab es als kleiner Bub nichts Faszinierenderes als Baustellen. Sämtliche Weltwunder lagen für mich hinter windschiefen Bauzäunen. Bauarbeiter in ihren neongelben Westen und verschmierten Schutzhelmen waren für mich, was für Jazzfans Miles Davis ist – ein Gottesbeweis. Wie sie die Hälse von riesigen Kränen bewegten, um millimetergenau tonnenschwere Betonblöcke zu platzieren. Unfassbar. Ich dachte, Bauarbeiter seien vom Himmel entsandte Engel, die halt nicht mit der Harfe, sondern mit dem Winkelschleifer spielen. Ein Polier war in meinen Augen die Speerspitze der Evolution. Jede seiner Anweisungen, jedes Schimpfwort, welches ich erhaschen durfte, wurde sofort gespeichert, um es später in der Sandkiste nachzusprechen.

Als Kind vermengten sich für mich die Klänge von dröhnenden Baggern mit dem rhythmischen Klopfen von Presslufthämmern zu einer Symphonie der vollkommenen Ekstase. Was für meinen Vater Vivaldis „Vier Jahreszeiten", war für mich die Sanierung eines Mehrfamilienhauses. Hätte es damals eine Schallplatte mit dem Titel „Very best of Rüttelplatte" gegeben, ich hätte sie mir gewünscht.

In der Volksschule, gelangweilt vom Dativ, träumte ich davon, später einmal in einem ölverdreckten Overall am

Steuer eines rauchenden Baggers zu sitzen und mit einem ganz kleinen Joystick eine riesige Schaufel zu steuern. Ich fürchte, Sigmund Freud wüsste, wie dieser Traum zu interpretieren ist. Und jetzt, nur wenige Jahre später, was soll ich sagen – ich hasse Baustellen. Baustellen verursachen Staus, Feinstaub, Bodenversiegelung, Lärm und Schreianfälle.

Diese 180-Grad-Meinungswende zeigt, dass das menschliche Gehirn die größte Baustelle ist. Vielleicht sollte sich jeder Mensch einen Zettel auf den Kopf kleben, auf dem steht: „Trotz Umbau geöffnet."

ICH WOLLTE FAST FASTEN

Verzichten ist das neue Anhäufen. Da das Wort „Verzicht" von seiner Sexyness in etwa dem Wort „Darmspiegelung" entspricht, haben findige Trendgurus vor Jahren den Begriff Detox als schickere Alternative ins Rampenlicht gerückt. Es ist im Grunde das Gleiche, nur kann man damit Geld verdienen. Nichts zu essen macht erst Freude, wenn es im kargen Zimmer eines Benediktinerklosters für 1500 Euro pro Woche stattfindet. Während Jesus noch das Brot teilte, teilt man sich dort nur noch den Hunger. Vielleicht müsste heutzutage ein moderner Jesus seine Apostel am Gründonnerstag zum letzten Dinner Cancelling zusammentrommeln. In einem dieser flüchtigen „Ab morgen lebe ich anders"-Momente versuchte auch ich mich im 16:8-Intervallfasten. Nach vier zermürbenden Tagen gab ich die Nahrungsaskese auf. Die Familie behauptete, dass sich meine Laune asynchron zu meiner Essensaufnahme verhielt. Mein in der 15. Hungerstunde ins Telefon gebrüllter Satz „Mich macht Fasten ausgeglichen, du Idiot!" dürfte diesen Verdacht untermauern. Das Intervallfasten scheint vorrangig den Freundeskreis zu entschlacken. Doch eine Entwicklung ist unübersehbar: Früher präsentierte man stolz seinen Besitz, heute erlangt man Status durch demonstratives Weglassen. Reisen ohne Fliegen, Kipferl ohne Gluten, Autos ohne Tankdeckel. Apokalyptiker warnen bereits vor Hausbau ohne Schwarzarbeit und Ministerbestellungen ohne Emojis.

Doch ich möchte die erhitzten Gemüter gleich wieder beruhigen, einige Trendforscher wittern bereits einen Kontrahype: das Verzichtverzichten. Eine gute Nachricht für Österreich: Wir bleiben, wie wir sind, und sind damit der Zeit voraus.

ENTWEDER UND ODER

Seit meiner Jugend spiele ich Tennis. Mit viel Leidenschaft und wenig Talent. Seit einigen Jahren hat sich Padel-Tennis zu meinen sportlichen Fehltritten dazugesellt. Falls Sie das noch nicht kennen: Padel-Tennis ist diese Sportart, bei der man zu viert mit Plastikpfannen in einem ausgelassenen Aquarium steht und der Ball, falls man ihn nicht direkt trifft, von der Glaswand nochmals auf einen zukommt. Wie im Leben bekommt man also auch beim Padel-Tennis immer wieder eine zweite Chance. Konsequenterweise lasse ich auch diese oft an mir vorbeiziehen.

Wenn ich Mitmenschen von meiner neuen, im Spätherbst meiner Sportkarriere entdeckten Leidenschaft erzähle, werde ich meist gefragt: „Und was spielst du lieber, Tennis oder Padel-Tennis?" Meine Antwort lautet dann stets: „Beides." Danach starre ich in erstaunte Augen. Es wird mir sofort ein „Du musst dich schon entscheiden"-

Blick zugeworfen. Menschen sehnen sich nach Klarheit. Was magst du lieber? Hund oder Katze? Stadt oder Land? Parkett oder Fliesen? High Heels oder Gummistiefel? Wobei, zugegeben, die letzte Frage wurde mir noch nie gestellt. Schade eigentlich. Doch weiter geht es im Karussell der Dualität! Wofür bist du? Berge oder Strand? Elektroauto oder Verbrenner? Detox oder Döner? 0 oder 1? Diese permanenten Dualitätsfragen bauen den Menschen gerade zum Computer um.

Allerdings stelle ich in letzter Zeit in meinem Gemüt einen neuen Trend fest. Je älter ich werde, desto weicher werden meine Ansichten. In meinem Kopf meldet sich bei jeder festen Überzeugung eine Stimme, die jeden Satz mit demselben Wort beginnt: Andererseits. Diese Stimme sät nicht nur mit Hingabe Unsicherheit, sondern belästigt mich mit Slogans wie „Der Zweifel ist dein Freund!" und „Denken kann Freude bereiten!". Mein Gehirn ist jedoch nicht nur eine Gedankenproduktionsmaschine, sondern auch ein mit allen Wassern gewaschener Fleiß-Vermeidungsapparat. Deswegen liefert mein Gehirn der „Andererseits"-Stimme sofort folgendes bewährtes Gegenargument: „Klaus, vielleicht ist deine Meinung vollkommen falsch, aber bedenke, eine neue bilden bedeutet unglaublich viel Arbeit!" Und schon lehne ich mich erleichtert zurück, in mein mir bekanntes Gedankensofa.

Es ist sowieso gerade keine gute Zeit für Grautöne. In Fernsehdiskussionen sind differenziert denkende Menschen die Breitmaulnashörner der Unterhaltung. Sie gehören zu einer bedrohten Art. Vielleicht gründe ich noch den neuen WWF. Für den Schutz des World Wide Facettenreichen. Ich habe nämlich eine große Zuneigung für Abwäger, für

Diskutanten, die in ihren eigenen Schachtelsätzen verloren gehen. Gewiefte Moderatorinnen schicken dann einen verbalen Suchtrupp los, um den Abhandengekommenen aus seiner eigenen gedanklichen Buchstabensuppe wieder herauszuziehen. Heutzutage zählt jedoch die Eindeutigkeit. Klarheit bedeutet Stärke. Hier Plus. Da Minus. Hier Gut. Da Böse. Die Fronten werden abgesteckt.

Im deutschen Fernsehen mündet dieses Dualitätsdenken dann oft in eine Formulierung, die bei mir einen Blinddarmdurchbruch hervorruft: „Man muss wieder klare Kante zeigen!" Niemand hält entgegen, dass sich an klaren Kanten verlässlich irgendwer den Schädel anhaut. Mir sind runde Kanten sympathischer. Und diese überzieht man am besten noch mit einer Schaumgummipolsterung.

Fernsehdebatten werden immer mehr zur Meinungsdeponie. Man lagert zu später Stunde seine eigenen nicht verhandelbaren Wahrheiten ab und fährt wieder nach Hause. Doch ich befürchte, sämtliche Diskussionen wären um einiges sinnvoller, wenn man von Anfang an davon ausgeht, dass der andere recht haben könnte. Zumindest ein bisschen. Oder wie es der geschätzte Kollege Gunkl so schön formuliert: „Wenn man jemand an Bord holen will, ist es nicht schlau, wenn man dabei über die Reling brunzt."

Es erscheint mir als ein großes Paradoxon, dass wir in unserer Sehnsucht nach Einfachheit die Welt nur anstrengender machen. Es könnte sich lohnen, die eigenen Überzeugungen ab und zu in einem der 50 Grautöne zu streichen. Schluss mit der Monokultur im Kopf – lasst uns gedankliche Mischwälder pflanzen! Frei nach dem Motto: „Complexify your life!"

WER iCH GERN GEWESEN WÄRE

Im Regal meines Büros befindet sich das Buch „Spanisch für Wiedereinsteiger". Links davon baumelt an der Wand ein Elektrobass und rechts daneben lehnt ein hölzernes Rudergerät, welches mehr nach Wikingerschiff als nach Fitnessgerät aussieht. Die Gemeinsamkeit der drei Gegenstände ist, dass ich mir ursprünglich sicher war, sie würden mein Leben bereichern. Ich träumte davon, „Don Quijote" in Originalsprache zu verschlingen, am Bass zu slappen wie Flea von den Red Hot Chili Peppers und auf dem Rudergerät eine Rückenmuskulatur zu züchten, die kräftig genug ist, um als Stunt-Double für Russell Crowe in „Gladiator" durchzugehen. Beim Kauf dieser drei Gegenstände hatte ich mein zukünftiges Ich vor Augen.

Bedauerlicherweise hat das ersehnte Ich mit meinem gegenwärtigen Ich kaum erkennbare Überschneidungen. Mit Müh und Not kann ich den Refrain von Julio Iglesias' „El Amor" übersetzen, am Bass beherrsche ich nur „Yesterday" von den Beatles – ein Lied, das bekanntermaßen ohne Bass auskommt. Und mein Gladiatoren-Rücken? Der erinnert eher an den eines Skispringers.

Jetzt sitze ich da, starre auf die Wand meiner geplatzten Träume und fühle mich schlecht dabei. Das innere Duell „Trägheit gegen Ehrgeiz" endete wieder mit einem Erdrutschsieg meiner Bequemlichkeit.

Natürlich könnte ich morgen wieder einen Anlauf wagen, die Motivation aus den tiefsten Tiefen meiner Seele kramen, um mich meinem ersehnten Ich ein paar Schritte anzunähern. Nach einem wirklich zermürbenden geistigen Ringkampf fand ich jedoch eine viel elegantere Lösung. Ich kaufe mir ein neues, viel größeres Regal mit Flügeltüren. Dahinter werde ich mein schlechtes Gewissen einfach verstauen.

DiE WELT iST EiNE GLASKUGEL

In sämtlichen Kulturkreisen gibt es Formen des magischen Denkens. Um Kontrolle über das Leben zu erlangen, wurden immer schon Geister beschworen, Göttern wurden Tiere geopfert und so mancher Katholik tröpfelte sich auf das gebrochene Schienbein Lourdes-Wasser. All dies sind Versuche, mit irrationalem Verhalten das Schicksal zum eigenen Vorteil zu beeinflussen. Mir scheint, je häufiger der Satz: „Vertraue der Wissenschaft!" geäußert wird, desto mehr Zulauf erfährt die Astrologie. Persönlich bin ich skeptisch, ob der Große Wagen einen Einfluss auf meine irdische Parkplatzsuche hat, doch das ist angeblich ganz typisch für einen Stier. Trotzdem sammle ich seit Jahren mit großer Leidenschaft Bräuche und Aberglauben aus diversen Ländern.

In der Schweiz glaubt man beispielsweise, dass der Tag positiv verlaufen wird, wenn man zwei gelbe Autos hintereinander sieht. Deswegen sind vermutlich in Genf und Bern Wohnungen gegenüber der Post besonders teuer. In Italien berühren die Menschen das Hinterteil von Statuen, denn das verspricht Reichtum, und in Nordindien sagt man, es erhöhe die Fruchtbarkeit, wenn im Schlafzimmer neben dem Bett ein Elefant steht. Falls Sie dort noch Platz haben und sich gleichzeitig ein Kind wünschen, ist das eine Überlegung wert.

Vielleicht wirkt eines der vielen Rituale tatsächlich. Leider wissen wir nicht, welches. Natürlich, wo die Unvernunft regiert, da lauert auch der Spott. Doch sind es nicht gerade die Widersprüche, die Menschen interessant machen? Ein Bekannter von mir ist Wissenschaftler und bekennender Agnostiker, Aszendent Atheist. Trotzdem trägt er bei bedeutsamen Vorträgen seit 30 Jahren immer dieselbe Unterhose. Aus Rücksichtnahme auf das Publikum wäscht er sie erfreulicherweise regelmäßig. Doch in seiner Wahrnehmung gibt es anscheinend so etwas wie glücksbringenden Feinripp. Mit dieser Logikunterwanderung ist er unter den Wissenschaftlern nicht der Einzige. Als man einst den Physiknobelpreisträger Niels Bohr fragte, warum er ein Hufeisen an der Haustür befestigt habe, ob er wirklich daran glaube, antwortete er: „Nein, aber es hilft auch denen, die nicht dran glauben."

WINTERSCHLAF FÜR ALLE

Es gibt Jahre, die möchte man in den Spam-Ordner schieben. 2024 hätte dazu das Potenzial. Es war spärlich gesät mit Highlights. Vielleicht bin ich auch nur gegen Ende des Jahres ein wenig ereigniserschöpft und sehne mich nach Schlagzeilen wie „Heute wieder nix passiert!".

Seit der Erfindung des Smartphones wird die Langweile zum Pandabär unter den Empfindungen. Sie fühlt sich bedroht. Halten Sie mich für verrückt, aber ich sehne mich nach einem Lockdown. Nur ohne Virus. Und bitte ohne Pressekonferenzen. Die ganze Welt soll einfach wieder gleichzeitig auf die Pausetaste drücken. Ich schlüpfe dann wieder in meinen Smogging (Mischung aus Jogging-Anzug und Smoking) und schlichte in meine Regale das Triumvirat des Überlebens: Nudeln, Hefe, Klopapier. Ich vermisse die angenehme Ödnis, die sich im März 2020 über jeden Tag legte. Brotbacken, Schnapsen, „Fit mit Philipp". Schon war wieder Schlafenszeit. Herrlich. Im März 2020 war jeder Waldspaziergang aufregend wie ein Wochenendtrip ins Disneyland. Die Lösung vieler Probleme wäre ein globaler, pandemiefreier Lockdown. Der Himmel ohne Flugzeuge und die Schützengräben ohne Soldaten.

Der Mathematiker Blaise Pascal sagte schon vor 400 Jahren: „Das ganze Unglück der Menschen rührt allein daher, dass sie nicht ruhig in einem Zimmer zu bleiben vermögen." Natürlich, zu der Zeit gab es kein WLAN, denn sonst hätte der liebe Blaise bemerkt, dass man auch von seinem Zimmer aus Unheil verbreiten kann. Deshalb folgende Idee zur Weltverbesserung: Bevor ein Social-Media-Posting veröffentlicht wird, muss man verpflichtend eine Nacht darüber schlafen. Am Morgen erscheint dann am Bildschirm die Frage: „Bereichert dieses Posting wirklich die Menschheit?" Ich vermute, wenn wir uns darauf beschränken, nur das Wesentliche zu teilen, würde das gesamte Internet wieder auf eine Diskette passen.

SOWOHL UND ALS AUCH

Im Juni 2024 war ich in Berlin und besuchte das Match der österreichischen Nationalmannschaft gegen Polen. Als B-, C- oder Y-Promi, je nach Betrachtung, wird man immer wieder erkannt. Entdeckt man eine Donaubecken-Celebrity wie mich im Ausland, wird das gelegentlich lautstark kundgetan: „Herst, des gibt's ned, der Eckel!" „Schau an, der Komiker, bist a do?" In Berlin kam ein torkelnder Zuschauer auf mich zu und lallte: „Moch ma a Selfie! Mei Oma is a Fan von dir!" Die Bemerkung erstaunte mich, denn der Mann war mindestens 50. Mein Sohn, neben mir stehend, grinste nur: „Papa, ich glaub, die meisten Fans hast du am Friedhof." „Immerhin", erwiderte ich, „die werden ständig mehr."

Manchmal werde ich im Rahmen solcher Begegnungen aufgefordert, meiner Arbeit nachzugehen. Kurz vor Matchbeginn umstellte mich eine Gruppe Waldviertler mit dem Wunsch „Herst Lustiger, moch an Schmäh!" Ich empfinde solche Aufforderungen als einen übergriffigen Eingriff in mein Privatleben. Wenn man im Wartezimmer des Hausarztes seinem Bäcker begegnet, wird man ihn wohl kaum bitten: „Herst Teigmeister, moch ma an Käsekornspitz!"

Ein Ländermatch ist im Grunde die Zusammenkunft zweier analoger Filterblasen – der Fangruppen, die jeweils der anderen Sippe nicht ausschließlich das Beste wünschen. Diesmal herrschte beruhigende Gelassenheit. 30.000 sich wechselseitig ziemlich unbekannte Österreicher standen als improvisierte Einheit in einem deutschen Stadion Seite an Seite, schwenkten rot-weiß-rote Fahnen und grölten dem Vorderen „I am from Austria" in den Nacken.

Ich bin mir nach wie vor nicht sicher, ob über den Refrain dieser inoffiziellen Bundeshymne wirklich alle Österreicher glücklich sind. Beispielsweise Rapid-Fans. Es ist nicht zu empfehlen, diesen Fendrich-Klassiker auf der Westtribüne des Hütteldorfer Allianz Stadions zu intonieren. Vielleicht sollte vor dem Rapid-Stadion ein Schild mit folgender Trigger-Warnung aufgestellt werden: „Das Anstimmen von ‚I am from Austria' könnte Ihre Lebenserwartung halbieren." In Berlin schunkelten Violette, Grün-Weiße und Schwarz-Gestreifte in Verbundenheit zusammen. Es ist eben das Wesen eines Ländermatches, dass wir für 90 Minuten einen neuen Stamm bilden, der temporär sämtliche anderen Gesinnungen und sogar politischen Einstellungen zur Seite schiebt. Da steht im Olympiastadion ein Rechter neben einer Linken und sie einigen sich beide freudestrahlend auf Marcel Sabitzer.

Leider ist das gemeinsame österreichische Liedgut derart bescheiden, dass am Ende des Matches „I am from Austria" erneut erklang. Doch beim zweiten Mal musste ich innerlich laut schmunzeln. In der Reihe hinter mir stand ein von Hopfen und Glückshormonen berauschter Fan, der sich, um nicht in Richtung Spielfeld zu purzeln, an den Schultern seiner vor ihm stehenden Tochter festhielt. Währenddessen krächzte er in Richtung des Stadiondachs die Textpassage: „Die Dummheit, die zum Himmel schreit." So viel männliche Selbstkritik hat Seltenheitswert. Jetzt weiß ich endlich, an wen Rainhard Fendrich beim Schreiben dieser Zeile dachte.

Was mir in Berlin auffiel – trifft man Landsleute im Ausland, wird der Föderalismus ausgesetzt. Wir sind dann keine Kärntner, Salzburger oder im schlimmsten Fall Wiener mehr, sondern Österreicher. Anders formuliert, gemeinsame Ferne schafft Nähe. Vielleicht sollte die nächste Landeshauptleutekonferenz in Auckland stattfinden. Die Wegstrecke von dort bis zur Bundeshauptstadt beträgt 18.324 km. Diese Distanz sollte genügen, um die Unsinnigkeit von einem bundeslandspezifischen Bienenschutzgesetz vor Augen zu führen.

Des Weiteren unterfütterte das Ländermatch in Berlin erneut meine küchensoziologische Theorie: Dazugehören ist alles. Es reicht uns nicht, einfach nur Mensch zu sein – nein, wir brauchen Verwurzelung in einer Nation, Religion oder bei den Swifties. Es scheint, als ob wir ohne irgendein solches Etikett in einem Meer der Identitätslosigkeit treiben würden. Gemeinschaft schützt vor Einsamkeit. Das ist wohl auch der Grund, warum auf Demonstrationen die Antikapitalisten, die Abtreibungsgegner oder die Impfskeptiker als Einheit über die Wiener Ringstraße pilgern. Nebeneinander marschierend schnappt man nach derselben Frischluft und währenddessen synchronisieren sich in den Köpfen die Gefühle.

In meiner Beobachtung haben Menschen oft nur eine vage Vorstellung davon, wer sie wirklich sind, hingegen sind sie sich meistens ziemlich sicher, wer sie nicht sind. Ich bin beispielsweise kein Quantenphysiker, kein Katzenallergiker und kein Olivenesser. Aber muss ich mir wirklich aus den Dingen, die ich nicht bin, eine Identität schnitzen?

Angesichts der Menschheitslage frage ich mich, was wäre, wenn wir diese Energie, die wir in das Abgrenzen investieren, in etwas Positives verwandeln? Was wäre, wenn wir eine gemeinsame Bedrohung finden, die uns alle vereint? Eine Art universellen Feind, der uns zwingt, unsere Unterschiede beiseitezulegen.

Hier kommt die Künstliche Intelligenz ins Spiel. Stellen Sie sich vor, eine mächtige KI schafft eine Kreatur, gegen die wir Menschen uns zusammenschließen müssen. Diese Kreatur ist weder religiös noch atheistisch, weder nationalistisch noch internationalistisch, weder Linkshänder noch Rechtshänder. Sie ist einfach nur eine Bedrohung. Und plötzlich, wie durch ein Wunder, sind all unsere Unterschiede vergessen. Wir kämpfen Seite an Seite, als eine geeinte Menschheit gegen die gemeinsame Gefahr. Diese Kreatur muss nur schwach genug sein, damit wir sie besiegen. Es wäre ein historischer Moment, da zum ersten Mal die Erdbevölkerung sich auf einen großen gemeinsamen Nenner geeinigt hätte. Ein Sieg, bei dem endlich alle mitfeiern.

Falls es diese Kreatur überraschenderweise doch schafft, die Weltherrschaft an sich zu reißen, bleibt uns noch eine weitere verbindende Alternative. Wir, also ungefähr 9 Milliarden Menschen, könnten dann gemeinsam und mit demselben Anliegen gegen das Böse protestieren. Vielleicht sollte man das, aus Platzgründen, nicht auf der Wiener Ringstraße machen.

DER DA ViNCi iN UNS

Kabarettisten werden auch als Kleinkünstler bezeichnet. Das klingt nach: Er wollte ein Künstler sein, aber na ja, schade. Als Kleinkünstler spielt man hauptsächlich auf Kleinkunstbühnen. Großkunst findet man in der Albertina. Kleinkunst im Kabarett Niedermair. Der Würstelstand am Weg vom Kabarett Niedermair zur Albertina ist dann die Dazwischenkunst. Warum auch nicht? Jede einzelne Wurst ist eine Hommage an die Schnelllebigkeit und Vergänglichkeit der modernen Zeit.

Ist ein Würstelstandbesitzer nicht auch ein Künstler? Ist die jeweils individuelle Inszenierung von Ketchup, Senf und Mayonnaise am Rand eines weißen Papptellers nicht auch als reduktionistisches Gemälde zu interpretieren? Vermengen sich nicht die bedacht gewählten Aromen von Leberkäse und Waldviertler zu einer einzigartigen Duftinstallation? Gleicht nicht die Art, wie der Würstelstandbesitzer die Burenwurst dreht, einer durchchoreografierten Tanzaufführung? Komponiert der Würstelstandbesitzer nicht mit den unterschiedlichen Bruzzelklängen von Debreziner und Käsekrainer eine spannungsgeladene Symphonie, deren Crescendo im Mund des Kunden mit einem furiosen Zerbeißgeräusch endet? Sind wir nicht konsequent gedacht alle Künstler?

Auf Wikipedia findet man die Definition, dass ein Künstler einer kreativen Tätigkeit nachgeht, und Kreativität wiederum heißt, Dinge auf eine untypische, neue Weise zu bewerkstelligen. Wenn ich also mit meinem Renault gegen die Einbahn fahre, bin ich ein kreativer Autofahrer. Die am Ende der Gasse stehende Polizistin sah das letztes Mal anders. Sie nannte es Ordnungsvergehen, ich nannte es fantasievolle Umwegvermeidung. Sie nannte es Bußgeld, ich nannte es Straßenkunst-Abgabe.

Die Perspektive bestimmt wieder einmal den Standpunkt. Selbst bei banalen Tätigkeiten kann man sich künstlerisch verwirklichen. Wenn ich den Boden säubere, kehre ich immer zuerst verschiedene Staubmuster auf das Parkett, bevor ich alles in den Müll fege. Selbst meine Bücher sortierte ich bereits nach kreativen Gesichtspunkten. Nach dem Sternzeichen des Autors, der Geschmacksrichtung des Einbands und nach Einschlaf-Potenzial.

Sie müssen nicht den Job an den Nagel hängen, um ein Alltagskünstler zu werden. Sortieren Sie einmal den Kühlschrank nach ungewöhnlichen Kriterien. Die Saucen nach der Wahrscheinlichkeit für Mundgeruch. Die Zitrusfrüchte nach ihrer Fähigkeit, Elektrizität zu leiten. Die Fischstäbchen nach der Wassertiefe, aus der der Fisch kam, und stellen Sie die Joghurts farblich nach Ihrer politischen Koalitionspräferenz zusammen. Verwandeln Sie Ihren Kühlschrank in ein Kälteatelier, in dem jedes verwelkende Salamiblatt eine bewegliche Skulptur darstellt. Und wenn Sie diesen dann für einen Gast öffnen, ist der Grund nicht die gemeinsame Verfressenheit, sondern das Interesse an einer exklusiven Vernissage. Am Ende dieser Vernissage öffnet man sich ein Dosenbier und stellt sich beim Zischgeräusch vor, es wäre der Applaus seiner unsichtbaren Fans.

PLANLOS VORAUS

Ich habe auf meinem Smartphone fünf verschiedene Wetter-Apps. Die mit den optimistischsten Prognosen stammt aus San Francisco, die mit den negativsten Vorhersagen wurde tatsächlich in Mistelbach programmiert. Ein passender Name für die österreichische Wetter-App wäre: „Bleib'n S' z'haus!" Eine deutsche Wetter-App bietet sogar eine Vorschau für 24 Tage. Ich vermute, es gibt am Himmel keine einzige Wolke, die weiß, ob sie in einem Monat dunkel sein wird. Doch anscheinend ist die größte Angst des Deutschen, dass er in Gummistiefeln im Trockenen steht. Er stolpert dann kopfschüttelnd über die sonnige Strandpromenade und denkt sich: Nicht einmal auf den Starkregen ist Verlass.

Doch auch ich versuche ständig, mein Leben in ein Kontrollkorsett zu zwängen. Bevor ich ein neues Wirtshaus besuche, wühle ich mich durch sämtliche Online-Bewertungen. Ich studiere alles, von der Form der Bierdeckel bis zum Verfallsdatum der Maggi-Flasche. Zu Weihnachten verraten wir uns in der Familie bereits am ersten Advent die gegenseitigen Geschenke und das Einzige, was uns dann unterm Christbaum noch überrascht, ist die Farbe des Geschenkpapiers. Bald wird es vermutlich Paare geben, die schon während des Vorspiels das Geschlecht des Kindes wissen wollen.

Aber ist nicht die Vorhersehbarkeit die Mutter der Langeweile? Seit Jahren träume ich davon, in ein Flugzeug zu steigen, ohne zu wissen, wohin es fliegt. Am besten ohne Geld und ohne Handy. Ich bin mir sicher, dass mir dieser Trip länger in Erinnerung bleiben wird als die Hofer-Rundreise durchs Ruhrgebiet. Ein Witz funktioniert nur, wenn er überraschend ist. Das Lachen ist eine angenehme Gesichtsentgleisung. Wenn wir in Zukunft auch noch Kontrolle über unser Lachen erlangen wollen, werde ich irgendwann jeden Witz mit der Pointe beginnen.

DER AUSNAHMEFEHLER

Ein älterer Mann drängte sich neulich bei der Supermarktkassa vor. „Die Menschen werden immer egoistischer", seufzte ich zu meiner neben mir stehenden Tochter. Meine Tochter deutete nach hinten und entgegnete: „Dreh dich mal um, da warten fünf Kunden, die sich nicht vordrängen." Sie hat recht. Meine Wahrnehmung richtet sich oft nur auf den Sonderfall. Wenn in den Nachrichten über einen Flugzeugabsturz berichtet wird, könnte man meinen, fliegen sei gefährlich. Dabei landen jeden Tag weltweit 100.000 Flugzeuge. Um die Gefahr in ein Verhältnis zu setzen, müsste ich mir auf YouTube 99.999 Landungen ansehen.

Ich habe das versucht. Jetzt habe ich weniger Angst vorm Fliegen, jedoch sehr viel Angst vor YouTube. Nachrichten beschäftigen sich eben immer nur mit den Abweichungen. Die allermeisten österreichischen Politiker besuchen nämlich keine Taliban, empfehlen nicht McDonald's als gesunde Jause oder widmen ihre Wiener Kleingärten so lange um, bis zumindest ihre eigene Pension gesichert ist.

Vielleicht braucht es Fernsehsender und Social-Media-Plattformen, die uns ausnahmslos den langweiligen Normalfall zeigen. Die Millionen von Palästinensern und Israelis, die sich ein friedvolles Nebeneinander wünschen, und wir finden sicher weit über hundert Präsidenten, welche kein benachbartes Land verwüsten wollen.

Das mediale Scheinwerferlicht richtet sich mit großer Hingabe ausschließlich auf die Idioten. Kein Wunder, dass mein Gehirn irgendwann glaubt, wir seien von Verrückten umzingelt. Kleinen Kindern entzieht man bei unerwünschtem Verhalten die Aufmerksamkeit. Warum machen wir das nicht auch, wenn diese Kinder erwachsen sind? Ich sehe bereits einige Despoten vor mir, wie sie sich im Präsidentenpalast, ähnlich wie ein Kleinkind an einer Supermarktkassa, auf den Boden werfen und schreien: „Wie deppad muss ich noch sein, damit man über mich berichtet?"

DAS LOBDEFiZiT

Kürzlich fotografierte ich einen jungen Mann, der einen 10 Kilo schweren Wels in seinen Armen hielt. Er zog ihn aus einem Schotterteich. Danach warf er den Wels wieder ins Wasser. Der Angler erklärte mir, dass die meisten geangelten Fische nicht mehr in der Pfanne landen, sondern auf Instagram. Wahrscheinlich gibt es in Österreichs Seen bereits Saiblinge mit einer eigenen OnlyFans-Page, und so mancher Waldviertler Karpfen hat inzwischen mehr Follower als die niederösterreichische Landeshauptfrau. Fischen, Fotografieren, Freilassen – so lautet die neue Dreifaltigkeit des Angelsports. Zumindest nimmt auf diese Weise auch unter den Fischen die Furcht vor jedem Angelhaken ab.

Schließlich handelt es sich nur um einen Fotojob. Der moderne Angler betreibt in sozialen Netzwerken fishing for compliments und sucht damit das Gleiche wie Cookies und AGBs. Bestätigung.

Mir fällt auf, dass sich auch immer mehr technische Geräte bemühen, das menschliche Anerkennungsbedürfnis zu befriedigen. Nachdem ich mich mehrmals hintereinander im Bett wälzte, erschien auf meiner Fitnessuhr die Nachricht: „Gratuliere! Neuer Bewegungsrekord!" Selbst meine Spanisch-Sprachkurs-App lobt mich unentwegt: „Toll gemacht. Noch 100 Vokabeln und du verstehst die Texte von Enrique Iglesias." Diese Perspektive hemmt jetzt meinen Lernfortschritt. Nach einer Probefahrt mit einem Elektroauto poppte am Display die Meldung auf: „Great Driver! 98 von 100 Driving Points!" Die zwei fehlenden Punkte nagten tatsächlich an mir.

Ich lebe also in einer Welt, in der ich von meinem Auto gemocht werden möchte. Ich befürchte, dass ich mein allerletztes Lob nicht von einem Menschen, sondern von meinem sprechenden Grabstein erhalten werde: „Fantastisch. Sie haben Ihr Ziel erreicht!"

ALLES, WAS FLÜGEL HAT, SIEGT

Im vergangenen Jahr lautete eine meiner Lieblingsnachrichten: „Krähen attackierten das österreichische Parlament." Einige nicht namentlich bekannte gefiederte Terroristen schnappten sich tatsächlich dort herumliegende Steine und warfen diese auf das verglaste Parlamentsdach. Nun steht eine kostspielige Sanierung der Glaskuppel an. Einem Gerücht zufolge hat der Nationalratspräsident bereits bei der

Polizei Anzeige erstattet. Nach seiner Aussage waren alle Täter schwarz, hatten Flügel und machten „Krah" und dann wieder „Krah, Krah". Er vermutet dahinter einen extremistischen Kampfruf. Die Krähen haben eine alte Lebensweisheit offensichtlich neu interpretiert: „Wer über dem Glashaus fliegt, kann ruhig mit Steinen werfen."

Krähen sind ab sofort fliegende Volksvertreter, die Revolutionäre der Lüfte. Sie dachten sich nach einer hitzigen Parlamentsdebatte über Strompreisbremse und Mietpreisdeckel: Hört auf mit dem Gelaber! und warfen ab, was ihnen zwischen die Krallen kam. Kann man es ihnen verdenken?

Ansonsten füllt mittlerweile täglich eine Nachricht über „die künstliche Intelligenz" die Leerseiten der Medien. Ich finde, KI wirkt als Begriff sehr bedrohlich. Warum tauschen wir diese beängstigende, abstrakte Bezeichnung nicht gegen das weitaus sympathischere Wort „Punschkrapferl" aus? Das macht die Schreckensmeldungen gleich viel amüsanter. „Punschkrapferl nehmen uns Arbeitsplätze weg", „Punschkrapferl planen Cyberattacken", „Kriminelle Punschkrapferl-Roboter nutzen punschkrapferlgesteuerte Drohnen zur Überwachung". Sprache schafft Realität und ich lasse mir nur ungern jeden Tag eine neue Angst ins Hirn pflanzen. Und wenn ich wirklich nach etwas natürlich Intelligentem suche, reicht ein Blick in den Himmel.

BEGEISTERUNG BEGEISTERT

Immer wenn die Weltnachrichten drohen, mein Gemüt zu verdüstern, klicke ich auf den YouTube-Kanal von Rick Beato. Er ist ein New Yorker Produzent und analysiert bekannte Musikwerke. Bach, Beatles, Billie Eilish. Nichts ist seinen

Ohren fremd. Bemerkenswert dabei ist seine Haltung. Bei dem Video „Adele did it again!" lauscht er einem ihrer Hits und freut sich über die Komposition wie ein Fünfjähriger. Rick Beato wurde letztes Jahr 60. Im Buddhismus gibt es die Theorie, dass der Mensch in ein Lebensalter hineingeboren wird, und dieses verlässt er nie ganz. Ich kann dem etwas abgewinnen. Mein achtjähriger Sohn hat einen Schulfreund, der bereits Floskeln verwendet wie „Früher war alles besser" und „Damals als Baby hatten wir nichts". Der Schulfreund wirkt auf mich wie ein mit Milchzähnen bestückter Kriegsveteran. Ich fürchte, es dauert nicht lange und er erklärt meinem Sohn, wie man ein Frühpensions-Antragsformular ausmalt.

Eine geglückte Kindheit zeichnet sich durch möglichst viele Pfau-Momente aus. „Pfau, ein Regenbogen!", „Pfau, eine Ameisenstraße!", „Pfau, ein Starkstromkabel!" Dennoch gibt es Eltern, die das Staunen gern im Keim ersticken. Unzählige Male musste ich als Kind den Satz hören: „Mach den Mund zu, sonst fliegt ein Vogel rein." Ich schloss meinen Mund dann wirklich, vermutlich, weil nie ein Brathendl hineinflog. Ich bin mittlerweile überzeugt, wer staunt, hat mehr vom Leben. Es sollte einen Wifi-Kurs für betreutes Staunen geben. Mit dem Titel: „Lebe jeden Tag wie deinen ersten." Da wird alles wieder aufregend. Die erste Parkplatzsuche, die erste Darmspiegelung, der erste Brief vom Finanzamt. Es gibt, neben der Stromrechnung, so viele gute Gründe zum Staunen. Zum Beispiel, dass der längste Ortsname Europas 58 Buchstaben enthält: Llanfairpwllgwyngyllgogerychwyrndrobwllllantysiliogogogoch. Nach dem Lesen eines solchen Ortsnamens ist man erstaunlich dankbar, einfach in „Au" zu wohnen.

DiE WAHREN TROTZKISTEN

Menschen trennen sich. Gegenstände wachsen zusammen. Zumindest gilt das neuerdings für Plastikflaschen und deren Deckel. Ein zartes Kunststoffband verbindet nun die beiden, deren Beziehung von Anfang an auf wechselseitiger Abhängigkeit beruhte. Ohne die Flasche geht nichts hinein, ohne den Deckel rinnt alles hinaus.

Es gibt jedoch Menschen, die dieser neuen Verbindung mit Argwohn begegnen. Einer von diesen stand in der Kantine des Freibads Königstetten neben mir. Es war ein ungefähr 60-jähriger Mann mit stark behaarten Schultern, während sein Kopf völlig kahl war. Als Außenstehender bekam man den Eindruck, der Körperbehaarung ist auf ihrem Weg nach oben die Kraft ausgegangen. Auf seiner trainierten Brust prangte eine blasse Tätowierung des Namens „Melanie", die jedoch von einem frisch tätowierten Strich durchkreuzt war – ein Hinweis auf ein angespanntes Verhältnis zu besagter Melanie.

Dieser Mann riss den Deckel samt Kunststoffband von der Mineralwasserflasche und sprach zwei Wörter aus, in denen sein aktueller Gemütszustand, seine politische Denkrichtung und seine Einstellung zur Fäkalsprache gleichzeitig durchschimmerten: „Scheiß-EU!" Danach warf er den Kunststoffdeckel in einen Mülleimer, auf dem „Paper only" stand.

Dieser Akt des Widerstands wurde von seinen am Kantinentisch lehnenden Freunden mit Nicken goutiert. Endlich einer, der es der EU zeigt. In diesem Muskelbär schlummerte also ein Recycling-Che-Guevara. Es fehlte nur noch, dass die um den Kantinentisch versammelten Männer vereint die enthaupteten Plastikflaschen in die Mitte hielten und im Chor riefen: „Revolution!"

Mir fällt auf, dass unter Männern der Trotz immer mehr zum Statussymbol wird. Vielleicht weil man im Vergleich zu einem Porsche 911 für den Trotz nicht arbeiten gehen muss. Außerdem beweist die Lebensmaxime „Ich lass mir von denen da oben gar nichts sagen", dass man sich befreit hat vom Meinungsmonopol der Mächtigen. Das Gehirn grübelt eigenständig. Man könnte diese Haltung auch unbetreutes Denken nennen.

Da ich biologisch und gefühlt ein Mann bin, frage ich mich, wo ich im Alltag meine aufständische Seite präsentieren könnte. Warum überquere ich nicht konsequent bei Rot den Zebrastreifen? Freiheit bedeutet, selbst zu spüren, wann die Straße sicher ist. Ich könnte überhaupt meine Schuhbänder immer offen lassen – sind diese Senkel nicht nur eine weitere Fessel des Systems? Warum gebe ich bei Starbucks bei jeder Bestellung meinen echten Namen an? Was geht das den Kaffeetandler an, wie ich heiße? Ich begehre auf und bestelle in Zukunft meinen Cappuccino wahlweise unter Lady Gaga, Dr. Oetker oder große Raupe Nimmersatt. Im Sommer schmiere ich mich auch nie wieder mit Sonnencreme ein. Dass das Sonnenlicht UV-Strahlen enthält, ist nur eine Erfindung der Sonnenmilchindustrie. Außerdem kursiert das Gerücht, dass diese Sonnencremetuben vollgefüllt mit Chemtrails sind. Jedes Kind weiß doch mittlerweile, die Zahl 30 steht nicht für den Sonnenschutzfaktor, sondern für die Anzahl der Überwachungschips, die sie enthält. Und wo befindet sich interessanterweise der Firmenhauptsitz von Nivea und La Roche? Richtig, in Belgien, fünf Gassen hinter dem EU-Parlament. Das kann doch kein Zufall sein.

Ich lasse mir das alles nicht mehr gefallen! Und wenn mich irgendwann wieder meine Frau verlässt, dann weiß ich, es kann dafür nur zwei Gründe geben: Brüssel oder Straßburg.

EVOLUTiON – QUO VADiS?

Immer mehr Menschen sind mit der Evolution unzufrieden. Leider gibt es für die Schöpfung keinen Beschwerdebriefkasten, in den man seine Verbesserungsvorschläge einwerfen kann. Mein Smartphone bietet mir alle drei Tage ein Update an. Die Evolution lässt mich da bedeutend länger warten. Zumindest gläubige Menschen können darauf hoffen, nach dem Tod entweder im Paradies, im Fegefeuer oder im Nirvana – je nach präferiertem Religionsanbieter – mit dem Schöpfer die Mängelliste zu besprechen. Inzwischen schleifen hier auf der Erde die mehrheitlich agnostischen Forscher ihre Genscheren.

Was da bereits an Mutationen gelungen ist, lässt mich schon mit den Ohren schlackern. Turboreifende Tomaten aus Spanien, koffeinreduzierte Kaffeebohnen aus Kolumbien und irische Schafe mit verbesserter Wollqualität.

Vielleicht schafft man es irgendwann, dass den Lämmern direkt auf der Haut ein Kapuzenpulli wächst. Es ist dann nicht mehr notwendig, die süßen blökenden Wollknäuel zu scheren, sondern man kann ihnen einfach den Sweater über den Kopf ziehen. In einem schwedischen Labor versucht man derzeit sogar, Pflanzen mit Tieren zu kreuzen. Genaueres weiß man nicht. Ideen dazu hätte ich. Man könnte die Gene von Pilzen mit denen von Hühnern vermischen. Falls ich wieder mal im Wald auf Nahrungssu-

che bin, ertönt dann hinter einer Birke ein lautes „Kikeriki!"
und was finde ich dann dort? Eierschwammerl. Mithilfe der
Gentechnik können mittlerweile auch Pflanzen mit unterschiedlichen Geschmäckern ausgestattet werden. Das wäre
doch was, ein Rucola-Salat, der nach dem Verwelken nach
Weißwurst schmeckt. Da sitzen dann in speckige Lederho-
sen reingewürgte Männer um ihre Biotonnen und feiern das
Oktoberfest.

Seit Menschengedenken jagt der Homo sapiens der Optimierung hinterher. Deswegen forscht man in asiatischen
Ländern mit Eifer am Eingriff in das Genom des Menschen.
Es werden mittlerweile Stimmen lauter, die fordern, mithilfe
von CRISPR und Co. ein paar tierische Superkräfte auf uns
zu übertragen. Einfach, um die menschliche Widerstands-
fähigkeit zu stärken. Stellen Sie sich vor, wir könnten der
nächsten Generation von Homo sapiens tatsächlich die Win-
terstarre der Erdkröte implementieren. Falls ein russischer
Autokrat erneut damit droht, im Winter den Gashahn zuzu-
drehen, schaltet sich mein Urenkerl einfach für ein paar
Monate in den Frostmodus. Der Farbwechsel des Chamä-
leons wäre hingegen wieder in langweiligen beruflichen Be-
sprechungen von Vorteil. Ich könnte dann einfach mit der
Wand des Meetingraums verschmelzen. Delfine wiederum
beherrschen es, nur mit einem offenen Auge zu schlafen.
Wäre es nicht längst an der Zeit, diese Fähigkeit den Eltern
von neugeborenen Babys angedeihen zu lassen?

Natürlich klingt vieles davon bedrohlich und das ist es
vermutlich auch. Deswegen ertappe ich mich gelegentlich
bei dem Gedanken: Hurra, wenn das kommt, bin ich tot!

Falls ich dann jedoch tatsächlich noch lebe, gilt für mich
als natürlich Geborenem vermutlich eine Kennzeichnungs-

pflicht. Ein Schild am Hemd, auf dem steht: „100 Prozent bio, glücklicher Öko-Mensch aus Freilandhaltung."

KLIMATiCKET UNSER

Um manche Regionen mit der ÖBB zu erreichen, sollte man eines lieben: umsteigen. Gelegentlich unter enormem Zeitdruck. Für einen Wechsel von Gleis 2 zu Gleis 9 schenkt mir der Fahrplan oft nur eine Minute. Meine Hundertmeterlaufzeit hat sich in letzter Zeit dadurch drastisch verbessert. Doch ich laufe selten allein. Im Massensprint stolpern wir die Rolltreppe hinunter. Nach der Ankunft auf Gleis 9 lese ich auf der Anzeigetafel, dass sich der nachfolgende Zug um sieben Minuten verspätet. Einige Fahrgäste fluchen. Ein Mann erklärt seiner Frau, dass der Grund für die Unpünktlichkeit die vielen Computer sind, die im Zug angeschlossen werden. Sie zapfen für die Fahrt den Strom ab. Eine ältere Dame, in deren Windschatten ich gesprintet bin, zeigt mir ein „High Five". Wir haben es geschafft. Die Ankunft in Pischelsdorf muss heute kein Traum bleiben.

Im Zug starren dann alle wieder auf ihre Smartphones. Ich schaue als Einziger aus dem Fenster und fühle mich abnormal. Um den menschlichen Blick wieder zur Seite zu zwingen, könnte die ÖBB TikTok und WhatsApp auf den Zugfensterscheiben installieren. Der Schaffner bittet mich um ein gemeinsames Selfie. Seine Frau sei ein Fan von mir. Die zwei gegenübersitzenden Mädchen starren mich an. „Muss man Sie kennen?" Ich erkläre ihnen, dass ich das Foto wollte. „Das ist der berühmte Schaffner Blackbeard. Der hat schon 2000 Menschen beim Schwarzfahren erwischt." Eines der Mädchen zückt ihr Handy und fotografiert den Schaffner von hinten. „Ich stell ihn auf Insta." Gelegentlich führe ich im Zug Gespräche. In den vergangenen Jahren bin ich neben elf Teamchefs, vier Virologen und drei Militärexperten gesessen.

Das wäre doch einmal eine erfreuliche ÖBB-Lautsprecherdurchsage: „Die Lösungen aller Weltprobleme warten im Railjet nach Amstetten darauf, abgeholt zu werden."

PROBiER DOCH WENiGSTENS

Beim Eissalon. Tochter: „Wie viel Kugeln darf ich?" Ich: „Egal, du weißt, was dir guttut." Tochter: „Nein! Sag eine Zahl!" Ich: „Okay, zwei." Tochter: „Was! Nur zwei? Sieben!" Ich: „Aber sieben? Das sind doch mindestens um fünf zu viel!" Tochter: „Niemals!" Wir einigten uns auf vier, von denen meine Tochter zwei stehen ließ. Ich: „Aber, du wolltest doch ..." Tochter: „Mir schmecken nur die Kugeln, die ich gegen dich rausverhandle."

Bei meinem Sohn verlaufen meine Ernährungsempfehlungen ähnlich fruchtlos. Er isst kein Grünzeug, außer Brokkoli. Diesen verschlingt er, seit ich ihm erklärte, dass es sich dabei um kleine Bäume handelt. Mit der Gier, mit der er jetzt ganze Brokkoli-Wälder in seinem Mund schmatzend vernichtet, steht zumindest eines fest: Bei den Naturfreunden brauche ich ihn nicht anzumelden. Die Ernährungsvorlieben der Kinder sind mein Waterloo. Mittlerweile gilt bei uns zu Hause Schinken-Käse-Toast als Gemüse und Bananensplit als Obst.

Meine Eltern fütterten mich noch mit der Moralkeule: „Die Kinder in Afrika wären dankbar für dieses Essen." Dieser Satz veranlasste mich einst, die Krautfleckerl meiner

Mutter in Luftpolsterkuverts zu stopfen und ausreichend frankiert in die Städte Mombasa, Mogadischu und Ouagadougou zu senden. Einen Dank erhielt ich bis heute nicht.

Inzwischen haben sich in den meisten europäischen Restaurants die Kinderspeisekarten synchronisiert. Fischstäbchen, Chicken Nuggets, Spaghetti Bolognese – die kulinarische Dreifaltigkeit. Durch unermüdliches Auf-den-Boden-Werfen und lautes „Ich will das nicht!" hat unser Nachwuchs seine Interessen durchgesetzt. Vielleicht sollte ich das anlässlich meiner nächsten Steuernachzahlung auch vor dem Finanzamt probieren.

MONKEY MIND

1924 ließ der amerikanische Verleger Hugo Gernsback seinem Unmut über die unzähligen akustischen Störungen freien Lauf: „Überall knallende Autotüren und dann noch der Straßenlärm!" Ich frage mich, was würde Hugo Gernsback heute sagen, stünde er auf dem Parkplatz der Autobahnraststation Guntramsdorf. 1925 erfand Gernsback dann den Isolator. Wenn Sie kurz lachen möchten, sollten Sie diese Erfindung unbedingt googeln.

Falls Sie das jetzt tun, ist bereits Teil des Problems. Sie lassen sich zu rasch ablenken. Ein mir bekanntes Thema. Während ich frühstücke, streichle ich oft die Katze, lese am Handy einen Zeitungsartikel und höre nebenbei einen Podcast über Konzentrationsstörungen. Die Katze starrt inzwischen seit 20 Minuten gebannt mein Frühstück an. Da stellt sich schon die Frage, wer von uns beiden die Speerspitze der Evolution ist. In der Wahrnehmung der Katze leide ich unter ADHS im Endstadium. Ameisenbären können sich überhaupt nur auf eine Aktivität konzentrieren. Riechen sie, dann hören sie auf zu hören. Beneidenswert. Wenn ich mich vom Monolog eines Mitmenschen genervt fühlte, müsste ich einfach nur an ihm schnuppern.

Es gibt drei Gelegenheiten, bei denen unsere Konzentration angeblich komplett versagt: beim Niesen, beim Lachen und während eines Orgasmus. Es wäre eine interessante Achtsamkeitserfahrung, während eines Orgasmus zu niesen und deshalb lachen zu müssen. Wer sich dabei noch auf seine Atmung konzentrieren kann, wird zum Lehrmeister von buddhistischen Lehrmeistern.

Die Zerstreuung kann man sich jedoch auch zu seinem Freund machen. Die Kinderärztin empfahl meiner Tochter, während der Zeckenimpfung „Kikeriki" zu rufen. Das lenkt von den Schmerzen ab. Jetzt weiß ich endlich, was ich in Zukunft vorm Fernseher brüllen werde, wenn sie wieder einmal eine Pressekonferenz der Bundesregierung zeigen.

HURRA, KONTROLLVERLUST!

„Wo sehen Sie sich in fünf Jahren?" wurde ich einmal bei einem Bewerbungsgespräch gefragt. Mit einem lauten Lachen antwortete ich: „In fünf Jahren? Ich bin am Vormittag froh, wenn ich meinen Nachmittag im Griff habe." Die Personalchefin schuldet mir seit 29 Jahren einen Anruf, denn sie beendete das Gespräch mit: „Wir melden uns." Doch nach wie vor halte ich jeden Zukunftsplan, der über zwei weitere Atemzüge hinausreicht, für tollkühn. Vor einigen Jahren entfernte eine einzige Regierungspressekonferenz in meinem Online-Jahreskalender sämtliche Termine. Bis auf Jom Kippur. Obwohl ich nicht jüdischen Glaubens bin, feierte ich diesen, damit ich irgendetwas zu tun hatte. Es fiel den Menschen schon immer schwer, sich mit der Unberechenbarkeit des Lebens zu arrangieren.

Um die Gunst des Schicksals auf unsere Seite zu ziehen, entwickelten wir Rituale wie Beten, Regentänze und Reis werfen. Ich treffe mich zum Beispiel jeden Mittwoch mit Freunden via Skype zum „Daumendrücken gegen die Klimaerwärmung". Doch warum klammern wir uns immer wieder an unsere alten Pläne? Schlummern nicht die großen Glücksmomente des Lebens im genauen Gegenteil, nämlich im Kontrollverlust? Beim Eisessen, Tanzen und Sex entsteht doch erst dann die Ekstase, wenn wir dabei die bitteren Konsequenzen Übergewicht, Knöchelbruch und Kinder ausblenden.

Wenn ich an die reizvollen Momente meines Lebens denke, dann sind es eher die, in denen ich für ein kleines schnelles Bier in ein Wirtshaus einkehren wollte, um dann vormittags mit dem Kopf auf der Theke von der Putzfrau geweckt zu werden. Deswegen unterwandere ich immer öfter die Pläne meines grauen Alltags.

Gestern zeigte das Display meines Autonavis Zielankunft 18:23. Angekommen bin ich dann ganz bewusst erst um 18:24. Diese 60 Sekunden Anarchie kann ich Ihnen wärmstens empfehlen.

EINE KRANKHEIT NAMENS OPTIMISMUS

Wenn Sie einmal Ihren Freundeskreis provozieren wollen, dann rate ich Ihnen zu folgender Aussage: „Ich finde, Österreich entwickelt sich hervorragend!" Als ich diesen Satz an einem Heurigentisch fallen ließ, erntete ich Blicke, die mir eine Entmündigung nahelegten. „Ist bei dir das Internet kaputt?", erwiderte Georg. „Unsere Politiker sind korrupt, das Essen wird immer teurer und letzte Woche haben erneut zwei Hunde im Wald Jogger attackiert." „Du irrst", entgegnete ich, „in den letzten zehn Jahren standen nur 0,11 Prozent der österreichischen Politiker vor Gericht, lediglich 0,14 Prozent der österreichischen Hunde beißen Menschen, und im Vergleich zu den 50er-Jahren ist der Anteil der Haushaltskosten für Lebensmittel um 38 Prozent gesunken."

Danach saß ich allein am Tisch. Optimismus macht einsam. Der Skeptiker gilt stets als weise, der Hoffnungsfrohe meist als naiver Idiot. Vermutlich, weil das Gute nie im medialen Rampenlicht steht.

Wenn alle Hunde, die nicht beißen, alle Muslime, die keinen Dschihad fordern, und sämtliche Flugzeuge, die nicht abstürzen, medial besprochen werden, dann wäre jede Sonntagszeitung so dick wie der Brockhaus. Die Nachrichten hanteln sich unentwegt von Breaking News zu Breaking News, doch meine Wahrnehmung ist mittlerweile skandalmüde.

Die Geschichte der Menschheit besteht definitiv aus unzähligen Verfehlungen, aber in den Bereichen Demokratie, Lebensmittelhygiene und Wurzelbehandlungen gibt es auch erwähnenswerte Lichtblicke.

Die Autobiografie der Menschheit müsste wahrscheinlich den Titel haben: „Wir pfuschen uns vorwärts." Dazu ein Beispiel: Nach einem Disput tranken die Kelten gern Wein aus den Totenschädeln ihrer Feinde. Bei aller berechtigten Kritik an der Diskussionskultur in Sozialen Medien, also ich erkenne Fortschritte.

KÖRPER UNSER

In vielen Freibädern ist das Sportbecken sehr beliebt. Jedoch nicht zum Schwimmen. Die meisten Badegäste liegen auf ihren Handtüchern um dieses herum, kauen am frisch ausgebackenen Langos und hoffen, dass die Nähe zum Sportbecken auf wundersame Weise eine Wirkung auf ihren Körper hat.

Den Langos bekommt man häufig im Sportbeisl. Sportbeisln sind in Österreich interessanterweise Orte, an denen man vieles antrifft, aber so gut wie nie Bewegung. Meistens sitzen dort männliche Risikofaktoren in hautengen XXL-Trainingsjacken, starren schmatzend auf den Fernseher und schreien dem Stürmer Richtung Bildschirm zu: „Beweg di, du fauler Sack!" Und nein, es handelt sich dabei nie um ein Selbstgespräch.

Im Sportbeisl gilt man als Gast erst als unsportlich, wenn man beim Herunterrutschen vom Barhocker außer Atem gerät. Um etwaige Gewissensbisse der Gäste gar nicht erst aufkommen zu lassen, bietet unser Sportwirt derzeit Gerichte wie Fitness-Cevapcici und einen Bodywork-Topfenstrudel an. Diese Speisen werden gern mit dem Satz: „Im Sommer isst ma was Leichtes" bestellt. Die echten Fitnessjünger und -schwestern werden inzwischen mit der Perspektive auf ein dreistelliges Lebensalter in Sportstudios gelockt.

Derzeit fasziniert mich der Hype um Cross-Fitness. Dort bezahlt man 90 Euro pro Monat, um einen Lkw-Reifen durch den Raum zu rollen. Ich hoffe, niemand verrät den Teilnehmern, dass sie mit ihrer Leidenschaft beim ÖAMTC Geld verdienen können.

Es bleibt ein unerklärbares Phänomen, dass sehr viele Menschen ständig mit ihrem Körper unzufrieden sind, aber leider niemand mit seinem Gehirn. Angesichts der globalen Lage wäre es doch wünschenswert, dass sich mehr Menschen nackt vor den Spiegel stellen, auf ihren Kopf deuten und sich denken: Da oben könnt ich a bissl zunehmen.

WENN SiCH GEDANKEN HiNSETZEN

Fünf Minuten können sich sehr unterschiedlich anfühlen. Sie rauschen vorbei, wenn sich eine schöne Frau, während ich in einer Liege verharre, über mich beugt. Sie kriechen dahin, wenn dieselbe Frau eine Maske trägt, einen Bohrer in der Hand hält und mir erklärt: „Es wird jetzt a bissl wehtun." Kürzlich konnte ich bei meiner Zahnärztin beobachten, wie sich im Wartezimmer neun von zehn Patienten durch ihr Smartphone wischten. Ausschließlich Erwachsene. Nur ein vielleicht siebenjähriges Mädchen drehte einen Stoffpinguin und schaute in die Luft. Ihre kurz aufblickende Mutter fragte: „Hast du was?" Das Mädchen antwortete: „Fantasie."

Schade, dass es keinen Oscar für die Antwort des Jahres gibt. Meine Tochter sagte einmal bei einer gemeinsamen Zugfahrt zu mir: „Ständig beklagst du dich, dass du keine Zeit hast, aber kaum hast du welche, scrollst du dich durchs Handy." Ein sehr weiser Satz, wobei anzumerken ist, dass der Akku von ihrem Smartphone leer war.

Oft frage ich mich, was Menschen früher taten, bevor sie die Möglichkeit hatten, sich durchs Smartphone zu wischen? Vielleicht haben wir uns in der Achselhöhle gekratzt, einer Stubenfliege nachgeschaut oder – wie das Mädchen – einen Stoffpinguin gedreht. In meiner Kindheit saßen in ländlichen Gemeinden ältere kopftuchtragende Frauen den ganzen Tag auf einer Holzbank neben der Landstraße und haben nur eines gemacht: geschaut. Am Ende des Tages haben sie dann alles gewusst. Im Ort waren sie in der Verteilung von Neuigkeiten effizienter als Facebook und Twitter zusammen – und vor allem schneller.

Sich vom eigenen Gedankenkarussell unterhalten zu lassen, ist eine Kunst, die gelernt sein will. Ich habe manchmal den Eindruck, dass dem modernen Menschen kaum etwas schwerer fällt, als darauf zu warten, dass nichts passiert. Wir sollten endlich die Langeweile unter Artenschutz stellen. Zu Weihnachten werde ich mir dieses Jahr kein neues Handy, sondern einen Stoffpinguin wünschen. Vielleicht erfahre ich ja beim Drehen viel mehr als beim Wischen.

DAS ERSTE DRITTEL IST VORBEI

Vor Kurzem wurde ich die Wurzel aus 2500 Jahren alt. Es gibt Anzeichen, dass der Frühherbst in mein Leben einzieht. Beim Autoradio wird der Speicherplatz 1 nicht mehr von FM4, sondern von Radio Burgenland belegt, in meinem Geldbörsel gibt es ein eigenes Fach für Rabattmarken und ich schreibe plötzlich Schilder wie „Nachbarn! Bitte keine Pappe in die Biotonne!". Immer häufiger beklage ich mich, dass früher alles größer geschrieben wurde, und wenn ich mich beim Schuhebinden nach vorn beuge, fällt mir auf, dass meine Arme ständig kürzer werden.

Das Einzige, was mich beruhigt, ist, dass der Freundeskreis solidarisch mit vergreist. Auf der letzten 50er-Geburtstagseinladung stand 21 Uhr. Dabei handelte es sich nicht um die Beginnzeit, sondern um das Ende der Party. Das ganze Fest war derart leise, dass die Nachbarn die Polizei verständigten, weil sie dachten, die Gäste seien verstorben. Früher machte auf unseren Partys stets ein Joint die Runde, mittlerweile ist es eine Lesebrille. In wenigen Jahren wird es vermutlich ein Gebiss sein – Zähne-Sharing ist wahrscheinlich der nächste große Hype. Dass ich älter werde, merke ich auch daran, dass ich an der Auslage vom Hervis vorbeispaziere, während ich bei der Auslage vom Bständig immer häufiger „nur einmal schaue".

Als Kind erkannte ich 50-jährige Männer daran, dass sie den Hosenbund über den Bauch zogen und sich mit einer ledernen Herrenhandtasche bewaffneten. Diese beiden Merkmale waren ein klares Signal an die Umwelt: „Ich habe mit meinem Sexualleben abgeschlossen."

Heutzutage tragen 50-jährige Männer einen Kapuzenpulli und ein Skateboard unterm Arm. Sie hoffen verzweifelt, dass in einem alten Hasen doch noch ein junger Hüpfer steckt. Auffallend ist, dass die einzelnen Körperteile unterschiedlich schnell ihren Geist aufgeben. Milchzähne mit sieben, der Sehsinn mit 40, der Gehörsinn mit 60 und ich fürchte, mein Rücken schmerzt noch in der Urne.

DIE SAUNA DER
HEIßEN DISKUSSIONEN

ERREGTE ERREGER

„Kanzler geht bei Rot über den Zebrastreifen! Skandal!"
„Bürgermeister gendert nicht! Skandal!" „Wir werden alle
sterben! Skandal!" Beim Durchscrollen zahlreicher Social-
Media-Accounts stehen die Blutdruckwerte permanent unter Beschuss. In Anbetracht dieser virtuellen Dauerentrüs-
tung stellt sich langsam die Frage: Ist Facebook bereits eine
Vorerkrankung? In letzter Zeit diagnostiziere ich bei mir
eine gewisse Hysteriemüdigkeit.

Die ständig inszenierte Erregung erinnert mich an die
Feuerwehrübungen aus meiner Schulzeit. Die ersten Male
sind wir beim Läuten der Glocke noch hastig die Treppe in
den Schulhof hinuntergeeilt. Doch beim 15. Alarm sind wir
sitzen geblieben. Das war das einzige Mal, wo es dann tatsächlich brannte. Zwei voll ausgerüstete Feuerwehrmänner
mussten schließlich einige von uns Ungläubigen die Stiegen
hinuntertragen. Währenddessen skandierten wir: „Lügen-
Feuer! Lügen-Feuer!", „Ihr seid doch von der Systemfeuer-
wehr!" und „Eine Rauchgasvergiftung ist wie eine Grippe".

Heutzutage müsste ich wahrscheinlich zur Strafe einen
Erlebnisaufsatz mit dem Titel „Mein allererster Aluhut"
schreiben.

Wenn es im Gebüsch raschelt, dann nähere dich diesem mit Vorsicht. Das ist eine alte Neandertalerweisheit. Überträgt man die Logik der Sozialen Medien auf die Steinzeit, hätte es vor 400.000 Jahren Tag und Nacht im Gebüsch geraschelt, an der Höhle geklopft und im Dunklen geknistert. Die Sinne unserer Vorfahren hätten irgendwann ihre Kapitulation eingereicht. Zur Freude des Säbelzahntigers. Er wäre jetzt vermutlich die Krone der Schöpfung. Bis er halt angefangen hätte zu twittern.

Um Soziale Medien mit etwas mehr Gelassenheit zu fluten, wäre mein Vorschlag, dass man jeden aufkeimenden Gedanken, bevor man ihn postet, verpflichtend zur Nachtruhe schicken muss. So ein Bett kann Gemüter verwandeln. Man deckt sich oft als Wutbürger zu und wacht nur wenige Stunden später als Yogalehrer auf.

LAND DER LÄRMSCHUTZWÄNDE

Als Kabarettist reist man kreuz und quer durchs Land. Blicke ich im Tullnerfeld aus dem Zugfenster, sehe ich oft ein Maisfeld, dann ein Maisfeld, und dann, oh, welche Überraschung, folgt ein Maisfeld. Hier dürfte der Raumplaner einfach am Computer ständig „Copy & Paste" gedrückt haben. Um die landwirtschaftliche Trostlosigkeit zu verhindern, müsste es auf der Tastatur des Verantwortlichen die Funktion „Mischwald einfügen" geben.

Anderseits dürfte er versuchen, bei der Dichte an Gewerbeparks pro Quadratkilometer einen Weltrekord aufzustellen. KiK, Deichmann, Tedi. Fertig ist das Shopping-Glück. Da man in Niederösterreich diese heilige Einkaufsdreifaltigkeit alle 20 Kilometer vorfindet, kann man das Hemd, welches man in Stockerau erworben hat, bereits in Langenrohr wieder umtauschen.

Ein blauer Landesrat hat für Autofahrer Tempo 160 gefordert. Irgendwie nachvollziehbar. Vermutlich soll der Bürger diverse architektonische Fehltritte so kurz wie möglich betrachten müssen. In Kärnten fürchtet die Bevölkerung hingegen Starkregen, da bereits am darauffolgenden Tag um jede gebildete Pfütze Seegrundstücke verkauft werden.

Das Salzkammergut wird hingegen von einer Chalet-dorf-Epidemie heimgesucht. First-Class-Luxusunterkünfte für Neuntwohnbesitzer. Diese Domizile werden oft nur einmal im Jahr betreten. Und zwar von der Putzkraft. In der Regel schauen alle Chalet-Villen gleich aus. Schlumpfhausen am Berg. Nur eine Villa ist meistens etwas größer. Da wohnt der Papa Schlumpf. In Österreich ist das der Schwager vom Bürgermeister. Denn der besitzt eine Baufirma.

Neulich meinte im Fernsehen ein mitverantwortlicher Politiker, die österreichische Landschaftsplanung und Bauordnung seien transparent wie ein Apfelsaft. Ich glaube, er hat vergessen zu ergänzen: wie ein naturtrüber.

GEHÖRT VERHÖRT

Man soll über Mitmenschen hinter deren Rücken nicht schlecht sprechen. Doch einmal im Jahr fordert sogar das Ministerium dazu auf. Am Elternsprechtag. Bei meiner Tochter stand dieser vor der Tür und sie bat mich, bei sämtlichen Lehrern ein Vorstellungsgespräch abzuhalten.

Als Jugendlicher war mein Wunsch ein diametral anderer. Ich bat meinen Vater, am Elternsprechtag niemanden zu besuchen, außer vielleicht den Schulwart. Doch selbst dies erwies sich als ungünstige Idee, da mein Vater ihm die von mir geschnorrten Zigaretten bezahlen musste. Nach jedem Elternsprechtag hatte ich doppelt so viele Probleme als vorher. An diesem Tag versteckte ich mich im Wohnzimmer hinter dem dicksten Vorhang und wartete auf die abendliche Rückkunft meiner Eltern.

Als der Schlüssel dann die Eingangstür öffnete, blies mir aus dem Vorzimmer ein eiskalter Wind entgegen. Dann Schritte, minutenlanges Schweigen. Es folgte ein Satz, den ich später auch in Liebesbeziehungen oft zu hören bekommen sollte: „Klaus, wir müssen reden!" Schließlich saß ich am Küchentisch, bestrahlt von einer Verhörlampe. Es folgte ein Tsunami an Zurechtweisungen. Die positivste Anmerkung lautete: „Alle Lehrer sind sich einig, du bist einzigartig." Der Rest lässt sich zusammenfassen unter: „Vorlauter, fleißbefreiter Zappelphilipp mit Gehirn im Flugmodus."

Der Elternsprechtag ist halt eine Veranstaltung, bei der man am Hinweg glaubt, das Kind sei ein Genie, und am Heimweg möchte man dieses Genie zur Adoption freigeben.

Doch ich möchte allen Eltern Hoffnung spenden. Der Schulerfolg strahlt viel weniger auf das Leben aus, als man denkt. Es gibt bereits ein Lexikon über Nobelpreisträger, die alle in der Schule in keiner Weise glänzten. Und in meinem Fall, da muss zumindest mein alter Deutschlehrer regelmäßig die Kolumnen vom orthografieverwirrten Zappelphilipp lesen.

BLAUES WUNDER

Als mir kürzlich bei einem Sommerfest der Gastgeber ein Glas Wein anbot, antwortete ich: „Danke, aber ich trinke keinen Alkohol." Danach blickte ich in ein kreidebleiches Gesicht. Offenbar durchlebte mein Gegenüber gerade eine Nahtoderfahrung. Auf einem niederösterreichischen Sommerfest Alkohol zu verweigern, kommt anscheinend genauso oft vor wie eine Dragqueen-Einlage am Parteitag der Taliban. Um die peinliche Stille zu durchbrechen, flüsterte ich dem Gastgeber beruhigend ins Ohr: „Okay, du erfährst es als Erster. Ich bin schwanger." Für einen Augenblick musterte der Gastgeber tatsächlich meinen Bauch. Danach lächelten wir beide.

Die Verweigerung von Alkohol führt in Gesellschaft immer wieder zu Rechtfertigungsdruck. „Ich bin mit dem Auto hier", „Ich bin auf Entzug" oder „Ich mach am Wifi eine Ausbildung zum Imam". Solche Floskeln steckten schon bei mir im Entschuldigungsköcher. Bei einer Ablehnung von Mineralwasser fragt niemand nach. Mein Plan ist es, nicht endgültig auf Alkohol zu verzichten, doch nachdem viele Jahre lang Gin, Zirben und kubanischer Rum meine spirituose Dreifaltigkeit bildeten, war es an der Zeit, mit Leber und Kleinhirn ein Trink-Sabbatical zu vereinbaren.

Der Alkohol durchtränkt auf sehr subtile Weise unsere Gesellschaft. Neulich erhielt ich eine Einladung zur Weinverkostung mit Alpaka-Wanderung. Das heißt, man torkelt von Heurigen zu Heurigen, klammert sich dabei immer fester an das Alpaka, welches einen dann nach Hause bringt. Ich wette, die Alpakas würden vor Begeisterung am liebsten aussterben. Gleichzeitig wird in immer mehr Supermärkten Kindersekt und Kinder-Mojito angeboten. Die Angst des Getränkehandels, dass zu wenige Alkoholiker nachkommen, dürfte groß sein. Es wird nicht mehr lange dauern, bis auf einer Säuglingsflasche „Baby-Muskateller" steht. Vielleicht sollten wir spätestens dann über den Begriff Frühförderung nochmals nachdenken.

HEUTE WIRD SPÄTER FRÜHER SEIN

Im Supermarkt stand bei der Fleischvitrine ein Jugendlicher vor mir und bestellte eine Salamisemmel. Verkäuferin: „Mit oder ohne Gurkerl?" Jugendlicher: „Hä?" Verkäuferin: „Mit oder ohne Gurkerl?" Jugendlicher: „Wie?" Mein Geduldsfaden begann sich anzuspannen. Schließlich entfernte ich aus seinen Ohren die weißen Stöpsel. „Benimmregel 124. Gespräche führt man ohne Airpods." Der Jugendliche starrte mich an, als hätte ich ihm eine Niere entnommen. Danach nahm er mir meine Sehhilfe von der Nase und sagte: „Und in die Augen schaut man ohne Gleitsichtbrille." So standen wir uns dann in Western-Manier gegenüber. Jeder hielt ein Generationen-Symbol des anderen in der Hand. Nach Sekunden der angespannten Stille sagte ich das Einzige, was ein Mann mit Rückgrat einem so verzogenen Hüpfer zu entgegnen hat: „Stört's dich, wenn wir wieder tauschen?"

Nach der Rückabwicklung drehte er sich um, nahm die Semmel entgegen und zeigte mir seinen inneren Mittelfinger. Reden, ohne sich dabei den Gehörgang von Apple versiegeln zu lassen, gilt also als spießig.

Doch immer häufiger entdecke ich in mir den inneren Kleingärtner. Ich drehe beim Einparken die Musik leiser, bügle Geschirrtücher, und selbst wenn ich in mich gehe, buche ich eine Reiserücktrittsversicherung. Diskussionen mit Jugendlichen über TikTok, ChatGPT oder ein Sabbatical in der Trotzphase beende ich regelmäßig mit „Glaubst, wir hatten das?". Diese Frage verleiht mir sofort den Beliebtheitswert einer Darmgrippe. Der Konflikt scheint sich zu verschärfen. Immer mehr Jugendliche behaupten, ich sei mitverantwortlich, dass sie die letzte Generation sind. Das bedeutet, dass ich zur vorletzten Generation gehöre. Ein Schicksal meines Lebens. Sogar beim Weltuntergang bin ich Zweiter.

GAME OVER

Neulich saß mein Sohn allein im Wohnzimmer. In mein Arbeitszimmer schallten Sätze wie: „Ich geh ihn pushen" und „Dort ist eine Epic Chest". Ich stellte mich vor ihn: „Fehlt dir was?" Mein Sohn blickte durch meine Beine auf den Fernseher. „Ein Medkit." „Ein was?" „Damit kann man bei Fortnite die condition refillen." Ich ging zurück in mein Arbeitszimmer und dachte über drei Dinge nach.

1. Warum muss ich mich in der Realität für die „condition" aufs Laufband stellen?

2. Warum kann man zur „condition" nicht einfach Kondition sagen? Der Boomer in mir fordert für deutsche Sätze eine Quotenregelung. Zumindest 70 Prozent der Wörter müssen im Duden stehen.

3. Habe ich meinen Sohn endgültig an die Computerspielindustrie verloren? Ganz offensichtlich hat Brawl Stars meinen Sohn an Fortnite übergeben.

Eltern von Buben wissen jetzt genau, wovon ich spreche. Der Rest darf erleichtert aufatmen. Natürlich habe ich für meinen Sohn eine Bildschirmzeit eingerichtet, nur leider hat er den Code „1234" recht bald herausgefunden. Seit einer 3sat-Doku fühle ich mich als Opfer. Die Computerspielindustrie engagiert unzählige Psychologen, deren einzige Aufgabe lautet: Kinder und Jugendliche müssen nach Fortnite und Co süchtig werden. Auf der anderen Seite stehe ich als einzelner Vater und biete meinem Sohn verzweifelt analoge Alternativen an. „Wollen wir nicht im Wald Schwammerl suchen?" Er würde vermutlich mitgehen, aber nur unter der Bedingung, dass unter jedem zweiten Parasol ein Medkit liegt. Eine Idee aus der Schublade der schwarzen Pädagogik wären Schulexkursionen zu Gefängnissen. Bei einigen Zellen zeigt der Justizwachebeamte dann auf den Strafgefangenen und sagt: „Begonnen hat das alles bei ihm mit Fortnite." Inzwischen passe ich mich halt an. Zu meinem Sohn sage ich am Abend nicht mehr „Schlafenszeit", sondern „Hey Raptor, geh dich rebooten".

BEWEGLICHE STANDPUNKTE

Einer meiner größten Wünsche ist es, mit meiner Meinung endlich anzukommen. Das denke ich über Gentechnik, das über den Nahostkonflikt und das über vegane Ernährung. Ist eine Meinung einmal gefasst, erreichen meine Ohren nur noch Informationen, welche diese füttern. Doch gelegentlich frage ich mich, ob es tatsächlich verwerflich ist, sich regelmäßig eine neue Meinung auf die Gehirn-Festplatte zu laden?

In jungen Jahren faszinierten mich der Philosoph Sir Karl Popper und dessen Falsifikationsprinzip. Seine Idee war es, nicht in selbst errichteten Theoriegebäuden zu verharren, sondern diese aktiv zu beschießen. Anstatt danach über die Einschusslöcher zu jammern, formt man aus dem verbogenen Blech etwas Neues. Aus diesem Grund ermüden mich oft Fernsehdiskussionen. Insbesondere mit Partei-ideologen. Jeder der Diskussionsteilnehmer öffnet dort seinen Mund lässt seine Meinung raus, die Meinungen vermengen sich in der Mitte des Tisches, am Ende der Diskussion atmet jeder wieder ein und holt seine alte Meinung retour. Ich glaube, weniger Erkenntnisgewinn ist gar nicht möglich.

Politik scheint eine unstillbare Sehnsucht nach Schubladisierung zu haben. Der ist korrupt, der ist verlogen, der ist rechtsextrem, der ist linksextrem. Aber nur, weil jemand genderneutrale Toiletten ablehnt, ist er kein Nazi, und nur, weil jemand freie Bildungschancen für alle Gesellschaftsschichten einfordert, ist er kein Marxist. Wahrscheinlich war im Jahr 1983 dem Bundeskanzler Fred Sinowatz die Klugheit seiner Aussage gar nicht bewusst: „Es ist wirklich alles sehr kompliziert."

OHNE SCHWEIß EIN PREIS

Ein Fiakerfahrer erzählte mir, dass er seine Pferde jeden Freitag austauschen müsse. Ganz heimlich, ohne Beistand der Arbeiterkammer, haben Gäule die Vier-Tage-Woche eingeführt. Also hat sie auch bei den Pferden Einzug gehalten – die Work-Life-Balance.

Die Sinnhaftigkeit, sich mit einer Kutsche zwischen Lasträdern, E-Rollern und Lieferando-Mopeds durch Wiens Gassen zu zwängen, erschließt sich mir immer weniger. Die Rotenturmstraße gehört nicht zum natürlichen Habitat eines Gauls. Die meisten Pferde träumen vom Wilden Westen, doch jetzt ziehen sie im urbanen Osten Selfie-Stick-Touristen, die sich auf der Kutschenrückbank an einem Demel- oder Swarovski-Sackerl festklammern, zum Parlament.

Laut einem Bericht werden auch dort die Fehlzeiten von Politikern immer länger. Es scheint, als ob einige Volksvertreter Sabbatical, Bildungskarenz oder Kuren zuerst selbst testen würden, bevor sie diese Möglichkeiten der Bevölkerung zumuten.

Ganz offensichtlich unterliegt der Begriff Vollzeitbeschäftigung einem Wandel. Ein Tontechniker, der sich vor einiger Zeit bei mir bewarb, fragte mich tatsächlich: „Und – hast du wirklich jede Woche zwei Auftritte?" Als ich ihm antwortete: „Es gibt Wochen, da habe ich sogar drei", musste ich ihn fast wiederbeleben.

Prinzipiell liegt es mir fern, in die Lebensgestaltung von Menschen hineinzudirigieren, nur hängt beim derzeitigen System die Finanzierung von Schulen, Krankenhäusern und Zebrastreifen von unserem Steueraufkommen ab. Zumindest bis der Staat heimlich Bitcoins druckt.

Doch ob Mensch oder Nutztier – die Arbeitsmüdigkeit hat uns alle erfasst. Deswegen mein Rat, falls Sie diesen Winter eine Skitour planen: Ich empfehle Ihnen die Tage Montag bis Donnerstag. Ab Freitag hat der Lawinenhund frei oder macht Homeoffice.

DIE NACHWUCHSHOFFNUNG WIRBT ZULETZT

In den letzten Jahren ist mir auf Kindergeburtstagen ein bemerkenswerter Trend aufgefallen. Am Ende solcher Feiern wird jedes Kind mit einem kleinen Geschenksackerl nach Hause geschickt. Das Argument dafür lautet: Wenn das Geburtstagskind mit Gaben überhäuft wird, sollen die Gastkinder nicht mit leeren Händen dastehen. Das könnte sie kränken.

Erst jetzt wird mir bewusst, wie demütigend meine eigene Kindheit war. Ich nahm von Kindergeburtstagen nie etwas mit. Außer vielleicht Grippeviren. Ich hoffe inständig, dass sich der Trend zur Gästebeschenkung nicht auch bei Erwachsenen durchsetzt. Nachdem ich Bekannte und Freunde mit einem Fünfgangmenü verwöhnt habe, müsste ich sie bei der Verabschiedung auch noch fragen: „Und, was hast du dir ausgesucht? Die Wohnzimmerlampe, den Luftbefeuchter oder vielleicht den Tresor?"

Doch Kindergeburtstage verlangen immer mehr nach einer Inszenierung, die der Eröffnungsfeier einer Fußball-WM gleicht. Was ich da schon erlebt habe – Hüpfburg, Einhorn-Rodeo und als Prinzessin Lillifee verkleidete Feuerschlucker. Nur ein Auftritt von Beyoncé dürfte noch so manches Budget sprengen. Im Internet entdeckte ich Kindergeburtstagveranstalter, die statt Topfklopfen eine Schatzsuche mit GPS-Geräten organisieren. Anschließend bekommt jeder der kleinen Gäste eine VR-Brille inklusive einer Führung durch Hogwarts. Eine Drohne filmt das Event und streamt es live für die Oma, die im Seniorenheim vor dem Röhrenfernseher sitzt und ein altes, hart gewordenes Mon Chérie in den Kakao tunkt. Bereits in den 80er-Jahren träumte Herbert Grönemeyer mit seinem Lied „Kinder an die Macht" von einer Zukunft, in welcher der Nachwuchs das Sagen hat. Diese Vision steht kurz vor der Umsetzung. Es bleibt nur zu hoffen, dass unsere Kinder nicht bald auf ihren Geburtstagsfeiern das Lied „Eltern in den Schacht" anstimmen.

DER UNSiCHTBARE VERWANDTE

Großfamilientreffen sind schon sehr speziell. Es wird derart viel Alkohol getrunken, dass ständig die Gefahr lauert, dass irgendwer seine Hemmungen verliert. Wenn dann lallend alte Rechnungen beglichen werden, entstehen am darauffolgenden Tag neue Probleme. Diese neuen Probleme werden wiederum beim nächsten Familientreffen zu alten Rechnungen. Es bleibt ein Teufelskreis.

Damit unsere Familientreffen nicht eskalieren, werden permanent sämtliche Münder mit Essen gestopft. Ein riesiges Stück Marillenkuchen, welches das Reden blockiert, erbringt damit diplomatische Dienste.

Mit meiner Verwandtschaft kann ich prinzipiell über alles sprechen. Außer vielleicht über Religion, Politik, Kindererziehung, Feminismus, Tempolimit, Gendern, Impfungen, Stadt/Land, Work-Life-Balance, Taylor Swift, Rapid Wien und die Qualität des Marillenkuchens. Das Wetter ist mittlerweile auch ein Tabu, weil es unmittelbar zur Klimawandeldiskussion führt. Da fliegen einem sofort Sätze entgegen wie „Nach der Eiszeit wurde es auch wärmer" und „Die Chinesen bauen gerade 200 Flughäfen, glaubst, das kann dein Bio-Radieschen kompensieren?".

Es gibt eigentlich nur eine Strategie, um diesen dicht verminten Verwandtschafts-Escape-Room zu verlassen. Ein einziges Thema, das die familiäre Kernschmelze verhindert: die Erzählung vom Großonkel Ferdinand. Meistens bringt zu später Stunde Tante Ingrid einen Auszug seiner wohltuenden Biografie zum Besten: „Wie der Ferdi gelebt hat, des kann sich heute keiner mehr vorstellen! Jeden Tag hat der drei Packerln Ernte 23 geraucht, aber ohne Filter. Den hat er abgeschnitten. Am Abend hat er einen Doppler 'trunken, aber als Aperitif. Und beim Essen, der Ferdi wollte alles paniert. Schwein, Huhn, Brokkoli sowieso, damit man ihn nicht sieht. Der Ferdi hat sogar seine Medikamente gegen Bluthochdruck paniert. Er hat auch nie Sport gemacht!

Das Einzige, was sich beim Ferdi bewegt hat, war das Gummiband von der Jogginghose. Und wisst ihr, wie alt er geworden ist? 97 Jahre! Und wisst ihr, warum er gestorben ist? Weil sie ihn zum Radeln 'zwungen haben. Bei der Vorsorgeuntersuchung. Da hat ihn der Doktor auf an Ergometer g'setzt. Der Onkel Ferdi tritt drei Mal rein, kippt vom Sattel: tot. Musst dir vorstellen, der Onkel Ferdinand macht in 97 Jahren einmal Sport und das bringt ihn um!"

Diese Erzählung wurde im Kreise unserer Familie derart oft erzählt, dass ich sie mittlerweile das „Evangelium nach Eckel" nenne. Das einzige Problem an der Geschichte ist, diesen Onkel Ferdinand gibt es gar nicht. Mein Vater und ich haben bereits mehrmals unseren Stammbaum bis ins 18. Jahrhundert durchleuchtet. Nichts. Der Onkel Ferdinand existiert nur in unseren Köpfen. Als Legende. Er ist das Loch Ness der Genussmenschen. Er ist der Rechtfertigungsonkel, der Feigenblatt-Verwandte. Das imaginierte Alibi, das unseren regelmäßigen Selbstschädigungen die Absolution erteilt. Dank der Sage vom Onkel Ferdinand wurde in den Köpfen unserer Familie einfach der Verzicht durch die Zügellosigkeit ausgetauscht. Aus „Vertraue der Wissenschaft" wurde „Altwerden ist Glückssache".

Ich finde mittlerweile, jede Familie sollte sich einen unsichtbaren Onkel Ferdinand halten. Nur er flüstert einem beruhigende Worte zu, während man sich den Befund der letzten Gesundenuntersuchung durchliest.

BIKEWAY TO HELL

Als ich auf meinem alten Trekkingbike den Gürtelradweg entlangstrampelte, überholte mich ein surrendes Geschoss. Ein Foodora-Moped. Auf dessen Rückseite war ein Schild angebracht, auf dem „Ich bin ein Fahrrad" stand. Davon inspiriert, überlegte ich, auf die Heckscheibe meines Renaults einen Sticker mit der Aufschrift „Ich bin eine Brieftaube" zu kleben. Mein Renault ist eben ein Vogel, gefangen im Körper eines Fahrzeugs. Die Vorteile liegen auf der Hand: keine Kfz-Steuer, keine Vignette und freies Parken im Neptunbrunnen von Schönbrunn.

Eines ist offensichtlich – im Vergleich zu einem Wiener Radweg ist das Fußballderby Rapid gegen Austria eine Veranstaltung der Liebe und des Pazifismus. Vor Kurzem wurde ich am Donaukanal von einem älteren Herrn auf einem E-Roller angepöbelt: „Schleich dich vom Radlweg!" Auf mein perplexes „Wieso?" schoss er zurück: „Dein Ding hat Pedale!" Damit gehört man auf Wiener Radwegen mittlerweile zur Randgruppe. Dort trifft man auf E-Longboards und Monowheels. Jesus sprach im Matthäus-Evangelium davon, das Brot zu teilen, vom Radweg sprach er nicht.

Ich warte auf den Tag, an dem der Privathubschrauber von Mark Mateschitz vor mir am Radweg Kutschkermarkt landet. Ein Red-Bull-Kapperl wird dann aus dem Cockpit springen und zur Standbesitzerin sagen: „Die Safranfäden haben sich verknotet. Mein Chef wünscht neue." Anschließend düst der Helikopter weiter zum Meinl am Graben.

Doch nicht nur die Verkehrsmittel, auch die Geschwindigkeiten unterliegen einem Wandel. Angeblich überlegt die Wiener Polizei bereits, den kompletten Fuhrpark auf Porsche umzustellen. Sie wollen bei der Verfolgung von E-Scootern zumindest noch eine Chance haben. Bis sich die Verkehrslage beruhigt hat, werde ich Platz machen und plane fürs Wochenende mit meiner Familie einen entspannten Radausflug auf der Südost-Tangente.

GiGASENSiBEL

In meinem Programm gibt es eine Pointe über Pappeln. Eine Zuschauerin schrieb mir, ich möge diesen Witz unterlassen. Sie sei auf Pappeln allergisch und habe wegen deren Blütenpollen Heuschnupfen.

Da ich äußerst kundenorientiert arbeite, habe ich die Pappel sofort durch die Kiefer ersetzt. Laut meinen Recherchen reagieren nur 0,0000012 Prozent der Weltbevölkerung auf diese Nadelbaumart mit Unverträglichkeit. Dass ein Kiefer-Allergiker in meinem Programm sitzt, ist ähnlich wahrscheinlich, wie dass sich ein Neonazi mit der Vernunft infiziert.

Die Zahl der Menschen, die ihren Kränkungsdetektor auf „hochsensibel" gestellt haben, steigt drastisch. Ständig ist irgendwer beleidigt. Autofahrer, wenn sich wegen eines Radweges die Fahrspur verengt, Veganer, wenn im ORF Werbung für Leberkäse gezeigt wird, und aufgrund von kultureller Aneignung auch Jamaikanerinnen, wenn österreichische Studentinnen ihre Haare zu Rastazöpfen flechten. In diesem Fall würde ich vorschlagen, dass wir im Gegenzug den jamaikanischen Studentinnen erlauben, am Strand von Kingston zu jodeln.

Mittlerweile fühlen sich angeblich auch Tiere von unseren Redewendungen beleidigt. Tierschutzorganisationen fordern deswegen eine tierfreundlichere Sprache. Für die

Phrase „zwei Fliegen mit einer Klappe schlagen" gibt es den Ersatzvorschlag: „für zwei Wespen das Fenster öffnen" und aus dem „deppaden Hendl" soll ein „Huhn mit Inselbegabung" werden. Ich möchte mich dieser mentalen Neuprogrammierung nicht entziehen. Wenn ich morgen früh gut gelaunt und ohne Kopfschmerzen aufwache, weiß ich, dass ich einen Kater habe.

SKEPSIS TRIFFT MISSTRAUEN

Vor Kurzem traf ich mich mit einem alten Schulfreund in einem neuen Eissalon. Während er gierig die erste Kugel in seinen Mund schaufelte, sagte er: „Das schmeckt ned schlecht." Ich fragte nach: „Warum sagst du nicht, das Eis schmeckt gut?" Er überhörte meine Frage und schaute sich um. „Der Laden ist ned schirch." Ich: „Warum sagst du nicht, der Laden ist schön?" Er schwieg. Ich versuchte, das Gespräch wieder anzukurbeln. „Stimmt's, ich geh dir mit meinen Fragen ned nicht auf die Nerven?" Der alte Schulfreund nickte.

Eine der österreichischen Besonderheiten ist, sogar Komplimente negativ zu formulieren. „Der ist ned deppad" ist in Österreich die Bezeichnung für ein Genie. Leider bleibt im Gehirn langfristig nur der Begriff „deppad" hängen. Aufgrund dieser kognitiven Verzerrung sollte man sich als Kabarettist die Nachrede „Der ist ned lustig" wünschen.

Unserem Land kann man viel vorwerfen, aber sicher nicht, dass wir zu selten auf der Euphoriebremse stehen. Vor einigen Wochen bat mich per Mail der Besitzer eines niederösterreichischen Wirtshauses um eine negative Google-Bewertung. Er meinte, seitdem er fünf Sterne hat, kommen um 30 Prozent weniger Gäste. Der virtuellen Begeisterung wurde gleich ein analoges „Na, so guad kann des ned sein" entgegengehalten.

Der Optimismus und die österreichische Lebenseinstellung bleiben zwei Parallelen, die sich nicht einmal in der Unendlichkeit schneiden. Immerhin konnte ich jetzt gemeinsam mit anderen Stammgästen das Wirtshaus-Rating wieder auf 3,5 Sterne hinunterdrücken. Wir tippten unermüdlich Bewertungen wie „Beklemmend freundlich" und „Zander schmeckt nach Fisch".

Der Wirtshausbesitzer schrieb mir heute Morgen erneut: „Tausend Dank! Am Wochenende war ich wieder voll! Die Aktion war also ned sinnlos."

SCHÄM DICH FREI!

Vor vielen Jahren wollte ich einmal in der Büroküche einer Spedition bei den Arbeitskollegen Eindruck schinden und spottete über den neuen überschaubar beliebten Chef. „Der ist doch ein Intelligenzallergiker, ein Teilzeitdenker, glaubts ihr, der kann sich eine Banane selber schälen?"

Am Ende meines Monologs bemerkte ich, dass der von mir gerade besprochene Chef genau hinter mir stand. Er drückte mir seine Banane in die Hand und sagte: „Könnten Sie das für mich machen?" In diesem Moment verließ mein Geist kurz den geröteten, transpirierenden Körper und genierte sich für den Rest.

Seitdem ist für mich bewiesen, dass der Mensch sich für sich selber Fremdschämen kann. Castingshows, Dschungelcamps und Bankmanager-Gehälter – eine Zeit lang hatte ich den Eindruck, das Schamgefühl wäre ausgestorben. Doch es erlebt gerade eine Renaissance. Neben Flugscham, Plastikscham und Fleischscham machen sich neue Formen breit wie Sleep-Shaming, da der Mensch während der Nachtruhe nicht produktiv ist. Ich versuche, deswegen jetzt immer schneller zu schlafen. Einfach, indem ich den einen oder anderen Traum überspringe. Austropop-Shaming entsteht, wenn ich den ganzen Tag kein Lied aus Österreich höre. Stau-Shaming, wenn es auf der Südosttangente bei meiner Autospur schneller vorangeht als bei der daneben. Als mir im Kreißsaal die Hebamme meine Kinder zeigte, empfand ich überhaupt keine Freude, sondern nur Baby-Shaming. Mir wurde sofort bewusst, dass ich mit den beiden Schreihälsen das Klima weiter anheize. Falls Sie sich in Anbetracht der vielen Scham-Möglichkeiten trotzdem nicht schämen, dann sollten Sie sich schämen, dass Sie sich nicht schämen.

TEACH ME iF YoU CAN

Ich möchte von den positiven Nebeneffekten der Corona-Krise sprechen. Meine Tochter schätzt seitdem die Schule. Angeblich stand sie mit ihrem Kummer nicht allein da. In Umfragen freuten sich damals zwei Drittel der Schüler wieder auf analoge Schularbeiten mit echten Lehrern. Der Schock über den Wissensstand der eigenen Eltern dürfte nach der monatelangen Homeschooling-Phase bis heute tief sitzen. Ein befreundeter Lehrer erzählte mir, dass er bei den mitgegebenen Mathematikaufgaben täglich von überforderten Eltern angerufen wurde. Er unterrichtete die dritte Klasse einer Volksschule.

Als Vater fand ich es immer erfreulich, wenn das Kind am Ende einer Erzählung eingeschlafen ist, als Vertretungslehrer schmerzte es mich. Da spielte ich im Zimmer meiner Tochter die Geschichte des Römischen Reichs vor, beide Punischen Kriege, verkleidete mich abwechselnd als Octavian und Cäsar und ritt als Hannibal mit einem Steckenpferd in Capua ein. Mein Nachwuchs blickte währenddessen mit halb geöffneten Augen gähnend auf die Uhr. Als ich später an ihrer Zimmertür lauschte, hörte ich nur, wie meine Tochter einer Freundin am Handy erzählte, dass sie bei einer Wahl zwischen einer weiteren Geschichtsstunde und einer Darmgrippe ins Grübeln kommen würde. Die beiden Rollen, Vater und Lehrer, standen sich ständig im Weg. Am Vormittag nahm ich im Unterricht meiner Tochter das Handy weg, mit der Bemerkung, die Eltern dürften es sich am Nachmittag bei mir abholen. Ich wusste recht bald, dass ich das ohne Tabletten nicht noch eine Woche schaffen würde.

Große Sorgen bereitete mir auch die Abwicklung des Elternsprechtags. Ich bin mir sicher, falls je wieder aufgrund einer Pandemie ein Lockdown für Schüler droht, werden sich sämtliche Eltern einig sein: Wir haben die besten Schulen der Welt! Wir fordern weder Lehrplanreform noch motivierte Pädagogen. Es genügt, wenn sie das Gebäude aufsperren.

WER WILL'S WIRKLICH WERDEN?

In meinem Bekanntenkreis startete ich neulich eine Umfrage: „Wer würde im äußersten Notfall den Job des Bundeskanzlers übernehmen?" Von 27 Befragten kreuzten 26 die Antwortoption „Eher schieß ich mir ins Knie" an. Einzig meine Fußpflegerin markierte das Feld „Ja, aber nur, wenn man mir WhatsApp verbietet!" Ganz offensichtlich ist sie sich bewusst, wie viel Rücktrittspotenzial in diesem Messenger-Dienst liegt.

Die Gesichter der letzten Bundeskanzler bei ihrer Angelobung waren ein Kaleidoskop von Gefühlen. Glück war definitiv nie dabei.

Der Reiz der Macht ist mir seit Jahren völlig schleierhaft. Am Vormittag müsste ich mich mit Themen wie Breitbandstrategie und Länderfinanzausgleich beschäftigen. Beides so spannend wie das ORF-Wetter-Panorama. Dazwischen schreibt mir ein alter Schulfreund ein SMS: „Darf mein Sohn bei dir als Ferialpraktikant arbeiten?" Beim Tippen der Zusage kann ich mir gleich überlegen: Wie viel Jahre Knast bringt das? Am Nachmittag eine EU-Videokonferenz, bei der die Spanier nicht können, die Schotten nicht dürfen und die Ungarn nicht wollen. Zu später Stunde sitze ich dann völlig übermüdet neben Armin Wolf im ZIB2-Studio. Dessen Arbeitstag bestand aus einer einzigen Aufgabe: Er bereitete sich auf meine Schwächen vor. Im Studio denke ich mir bei jedem zweiten Vorwurf: Eigentlich hat er recht, stottere mich aber lieber durch NLP-Floskeln.

Ein Regierungschef kann sich auch nicht mehr auf die Heimatliebe seiner Bevölkerung verlassen. Früher sind Tausende Männer mit wehenden Fahnen für ihr Vaterland in den Krieg gezogen. Heute finden wir mit Müh und Not elf Spieler fürs Nationalteam. Daher bin ich jedem machtgeilen Menschen unglaublich dankbar. Vielleicht sollten wir sogar, um die Attraktivität des Berufs zu erhöhen, ein Gutscheinheft für Regierungschefs entwickeln. Mit Benefits wie „Drei Mal Freunderlwirtschaft straffrei". Andernfalls wird meine Fußpflegerin die nächste Bundeskanzlerin.

Zu viele Ichs in einem Eckel

In mir kämpfen zwei Persönlichkeiten einen erbitterten Krieg: mein innerer Spießer und mein innerer Che Guevara. Mit zunehmendem Alter übernimmt der Spießer die Oberhand. Er klebt Treuepunkte in akkurat ausgerichtete Hefte, sortiert beim Herbstlaubfegen die Blätter nach Farbe und faltet vor dem Sex peinlich genau die Hose zusammen. Mein innerer Spießer beurteilt Autos nach ihrem Wiederverkaufswert, beschriftet Ladekabel, und das sinnlichste Wort, welches man ihm ins Ohr flüstern kann, lautet: Reiserücktrittsversicherung. Mein innerer Spießer ist ein diplomierter Bedenkenträger und glaubt, dass es nichts Schöneres gibt, als kostenlos auf den Urlaub zu verzichten. Wenn mein innerer Spießer jedoch wider Erwarten dann am Palmenstrand in der Hängematte baumelt, ist er verlässlich schlecht gelaunt. Bei 37 Grad und mit einem Caipirinha in der Hand wird ihm nämlich eines klar – die Reiserücktrittsversicherung war völlig umsonst.

Ganz anders mein innerer Che Guevara. Es gibt kaum etwas, das er mehr verachtet als die strukturverliebte Mutlosigkeit seines Widerparts. Er wirft mir vor, dass mein chronisch angepasstes Verhalten auf seinem Einfluss beruht. Mein Dasein als gesellschaftliches Chamäleon, immer noch gehorchend dem alten elterlichen Ratschlag: „Nur nicht auffallen!"

Doch mein innerer Che brüllt zurück: „Man kann doch auch positiv auffallen!" Dieser Gedanke kommt meinem inneren Spießer nicht in den Sinn. Mein innerer Che Guevara sehnt sich nach Leichtsinn, weil die Vernunft vielleicht zu einem langen Leben führt, man aber an tödlicher Langeweile verstirbt. Er fordert von mir Genuss statt Askese. Lieber fünf Stamperl kubanischen Rum statt einer Tasse „Gut-fürn-Darm-Tee". Laut meinem inneren Che Guevara findet das wahre Schwimmen nur gegen den Strom statt, weil man erst dann sieht, wie viele Verrückte einem entgegenkommen.

In meinem inneren Parlament ringen nun diese beiden Fraktionsführer – der akribische Spießer und der rebellische Che – um die Vorherrschaft. Es eint sie nur ein gemeinsamer Feind – der Kompromiss. Doch da sie beide ein Teil von mir sind, finden sie sich immer wieder auf der ungeliebten Suche nach ebendiesem. Die Dualität ihrer widersprüchlichen Einflüsse führt tatsächlich oft zu seltsamem Verhalten. Mein rotes T-Shirt mit der Aufschrift „Stop Capitalism" kaufte ich am Black Friday.

Zumindest wurde mir über die letzten Jahre eines immer klarer: Für die innere Zerrissenheit gilt im Leben das Gleiche wie für eine andere Meinung, einen Pickel auf der Nase und den Villacher Fasching. Man muss es einfach aushalten.

SCHÖN BLÖD

Von immer mehr Lehrern wird beklagt, dass die Hausübungen nur noch von ChatGPT erledigt werden. Als ich diesen Verdacht meinem Sohn gegenüber äußerte, zückte er sein Handy, startete die ChatGPT-App und flüsterte ins Mikrofon: „Vater fragt, ob ich meine Hausübungen von dir machen lasse. Bitte realistische Antwortmöglichkeiten." Danach zeigte mir mein Sohn das Handydisplay. Ich konnte tatsächlich zwischen drei verschiedenen Lügen wählen. Als ich mit dem Lesen fertig war, fragte er mich: „Brauchst du mehr?" Ich verneinte. Mein Sohn erklärte mir, dass es bereits KI-Apps gibt, bei denen man alte, selbst geschriebene Hausübungen einspielen kann und die dann den aktuellen Wissensstand übernehmen. Da dieser meistens für die Erledigung der neuen Hausübung nicht ausreicht, schreibt man als Schüler zusätzlich in die Anweisung: „Mach mich um dreißig Prozent klüger."

Ich würde tatsächlich von einer Zeitenwende sprechen. Früher simulierte man Orgasmen, heute simuliert man Intelligenz. Schwul, bi und transsexuell, jede sexuelle Orientierung darf man heute offen zeigen, nur die Dummheit wird zunehmend diskriminiert. Vielleicht muss man sie irgendwann heimlich ausleben, in einem Deppen-Darkroom, wo sich Dumme heimlich mit Gleichgesinnten treffen können. Doch nicht nur der Mensch, auch sämtliche Geräte belästigen uns ständig mit ihrem Smart-Sein. In der Bedienungsanleitung von meiner Wärmepumpe, der Küchenuhr und sogar beim Nasenhaarschneider stand, dass es sich dabei um ein intelligentes Produkt handelt. Irgendwann stehe ich vor meinem smarten Eierkocher und bekomme nicht nur ein hartes Ei, sondern auch einen Minderwertigkeitskomplex. Dieser Intelligenzfanatismus muss endlich ein Ende haben.

Ich behaupte, es gibt ein Recht auf Dummheit. Wenn man ehrlich ist, kostet Denken unglaublich viel Energie. Wie ressourcenschonend ist es da, wenn man es als Dummer einfach sein lässt. Man spart sich Stunden an lästigem Grübeln, Recherchieren und Abwägen und nutzt einfach die Zeit, um den Vogerltanz für eine viel bedeutendere Tik-Tok-Challenge einzustudieren. Wer nichts weiß, muss sich auch viel weniger Weltsorgen machen. Der Dumme sagt: „Naturkatastrophen?" Noch nie gehört. „Geopolitische Spannungen?" Klingt nach einem exotischen Cocktail. „Artensterben?" Geh bitte, die Nachbarin hat doch gerade einen neuen Hund bekommen.

Der Dumme genießt so viele Vorteile. Er ist immun gegen jede Form der Kritik, weil er sie einfach nicht versteht. Herrlich! Die Dummheit ist in einer Welt der Besserwisser ein Akt der Rebellion. Sie ist ein freier Geist, welcher sich nicht von Fakten behelligen lässt. Der Dumme schafft auch Arbeitsplätze. Ohne ihn gäbe es keine ATV-Dokumentation, keine esoterischen Angebote wie „Schamanen-Schnitzeljagd mit Aura-Quanten-Heilung per App" und keine Ernährungsratgeber à la „Abnehmen mit Tiramisu". Ohne Dummheit würden Tausende YouTuber keine Follower mehr für ihre Verschwörungstheorien finden. Wenn alle Menschen schlau wären, wer klickt dann noch auf Videos mit Titeln wie „Windräder töten Wale"?

Mir ist auch im vergangenen Wahlkampf aufgefallen, dass sämtliche Politiker sich ständig verzweifelt bemühen, intelligent zu wirken. Doch so wie das Wasser sucht sich auch die Dummheit ihren Weg. Meistens findet sie bei Politikern immer dann den Ausgang, wenn eine Kamera eingeschaltet ist. Doch ich will unsere Volksvertreter verteidigen, denn die Dummheit ist ein Menschenrecht und es gehört endlich in der österreichischen Verfassung festgehalten, dass vor dem Staat alle Deppen gleich sind.

Außerdem, und das ist wohl das Wichtigste: Die Dummheit ist der Rohstoff des Humors. Anders gesagt, was für das Elektroauto das Lithium, ist für den österreichischen Kabarettisten die Verdeppung. Und sei es die eigene.

EINE FACEBOOK-DEBATTE

Marion: Hallo Community! Meine Tochter hat nächste Woche Geburtstag und wünscht sich sehnlichst eine Babykatze. Wisst ihr, wo man so ein süßes Wollknäuel bekommen könnte?

Birgit: Schau mal auf willhaben.at.

Kathi: Bitte nicht! Total unseriös! Lauter Importkatzen aus Rumänien.

Gerhard: Was ist so schlimm an einer Katze aus Rumänien? Willst du sie streicheln oder mit ihr übers Burgtheater diskutieren?

Kathi: Gerhard bitte! Diese Importkatzen bringen lauter Krankheiten mit. Das kann man überall lesen.

Peter: Wo kann man das lesen?

Kathi: Im Internet.

Gerhard: Im Internet kann man auch lesen, dass Wärmepumpen den Erdkern auskühlen und dass der Staub auf der Zimmerdecke ein Beweis dafür ist, dass die Gravitation kaputt ist.

Georg: Warum immer nur Babykatzen? In den Tierheimen warten Tausende betagte, aber vor Lebenserfahrung strotzende Straßenkater! Ständig diese Altersdiskriminierung.

Liesi: Georg, du schreibst nur von Katern. Also diskriminierst du gerade selber. Und zwar wie immer die Weibchen.

Martin: Marion, ich würde von Katzen dringend abraten. Die töten jedes Jahr in Österreich neun Millionen Vögel. Eine Katastrophe für das Ökosystem.

Peter: Woher hast du diese genaue Zahl? Arbeitest du bei der Vogel-Bestattung?

Martin: Das ist Statistik. Wenn du willst, schick ich dir einen Link.

Gerhard: Immer, wenn jemand sagt: „Ich schick dir einen Link", lese ich nach dem Öffnen eine Verschwörungstheorie.

Kathi: Martin hat recht! Katzen sind Wölfe im Schafspelz. Das sind Bestien mit sanftem Blick. Mir ist in den letzten Jahren aufgefallen, die jagen immer brutaler.

Hermann: Immer brutaler? Legt mir die Katze vielleicht irgendwann einen Rottweiler auf die Fußmatte?

Verena: Hermann, hast du auch eine Katze?

Hermann: Ja, nur die Formulierung ist falsch. Ich wohne bei einer Katze. :)

Verena: Marion, soviel ich weiß, hast du mit deiner Tochter nur eine Wohnung. Das ist für die Katzen sowieso Tierquälerei.

Gabi: Wie bitte? Meine fünf Wohnungskatzen sind super glücklich!

Peter: Ist das das Ergebnis einer aktuellen Umfrage?

Gabi: Peter! Du hast wirklich keine Ahnung. Das merkt man an der Schnurr-Frequenz. Bei 42 Hertz sind sie in ihrem Wohlfühlbereich. Ich messe das regelmäßig mit einer App.

Peter: So eine App bräucht ich auch für meine Inge, dann weiß ich endlich, ob sie mit mir zufrieden ist.

Gabi: Das kann ich dir auch ohne App sagen. Ist sie nicht.

Hans: In Zukunft werden nur noch Wohnungskatzen überleben.

Verena: Bitte warum?

Hans: Wegen den vertrottelten Elektroautos.

Verena: Wie?

Hans: Die Katzen hören diese rollenden Akkubohrer nicht und werden ständig niedergeführt.

Peter: Dadurch steigt aber dann wieder der Vogelbestand. :)

Hans: Findest des witzig? Das haben wir dieser Scheiß-EU zu verdanken. Nur der Verbrenner schützt Leben.

Peter: Ha ha. Ein super Sticker für dein Auto: „Wer Katzen liebt, fährt Porsche.“

Lucia: Marion, ich will den Geburtstagswunsch deiner Tochter nicht verderben, aber Katzen sind einer der größten Co2-Emittenten. Der Kot enthält Stickstoff und Schwermetalle, das Tierfutter besteht zu 60 % aus Rind und 40 % aus Huhn. Das Ganze noch umhüllt von einer Plastikverpackung. Hinzu kommt Katzenstreu und Gummispielzeug.

Franz: Wow! Die Katze ist ja mit ihrer CO_2-Bilanz das Kreuzfahrtschiff unter den Haustieren.

Hans: Das war noch nicht alles. Facebook besteht zur Hälfte aus Katzenvideos! Deswegen brauchen die im Silicon Valley immer größere Server und die benötigen immer mehr Strom. Wenn wir das Zwei-Grad-Klimaziel noch schaffen wollen, sollten wir endlich aufhören, die Viecher zu filmen.

Verena: Vielleicht haben in Wahrheit Katzen das Internet erfunden. Und jetzt töten sie uns auf subversive Weise!

Hermann: Ich sag euch, wenn sich Katzen irgendwann selber fotografieren können, sind wir Menschen sowieso überflüssig.

Ilse: Ich glaube, Katzen würden eine heiße Erde bevorzugen. Die liegen ja auch am liebsten am Kamin.

Hermann: Da haben Katzen Grund zur Freude, denn im Jahr 2040 ist die Erdoberfläche ein einziger Kachelofen.

Verena: Ich will jetzt nicht abergläubisch wirken, aber im Mittelalter fürchtete man sich vor Katzen. Sie galten als die Gesellen des Teufels.

Hermann: Das gilt für mich bis heute. Katzen belästigen uns Menschen ständig mit Allergien, Ringelflechte und Toxoplasmose.

Hans: Und nicht vergessen, in der Nacht spazieren die Verbündeten von Luzifer mit ihren sanften Pfoten über Computertastaturen und schreiben heimlich Hasspostings. :)

Hermann: Mach dich nur lustig! Lies dir die Fakten durch! Bei uns reduzierten Katzen massiv den Vogelbestand, in Argentinien die Anzahl der Kaninchen und in Russland gibt es angeblich wegen eingewanderter Katzen bereits eine Mäuseknappheit.

Hans: Mäuseknappheit in Russland? Im Internet gibt es sicher schon die Theorie, dass der Putin in den Donbass wegen ukrainischer Nazi-Katzen einmarschiert ist. Woran haben Katzen eigentlich sonst noch Schuld? Aussterben der Dinosaurier? Brexit? Dass Österreich bei der Eishockey-EM Vierter wurde?

Birgit: Du Marion, kurze Zwischenfrage – haben wir dir bezüglich des Kaufs einer Babykatze ein bisschen helfen können?

Marion: Ja, ich werde meiner Tochter einen Zimmerkaktus kaufen.

Lucia: Würde ich nicht! Der Kaktus ist empfindlich, ökologisch wertlos und reduziert aufgrund der Stacheln den Insektenbestand.

Marion hat ihren Facebook-Account gelöscht.

DAS ATRIUM DES ABSURDEN

ICH BIN VIELE

Stellen Sie sich einmal vor, Ihr 15-jähriges Ich, Ihr 40-jähriges Ich und Ihr 80-jähriges Ich würden sich in der Gegenwart an einem Wirtshaustisch treffen. Würden sich die drei gut verstehen? Ich vermute, meine drei Ichs würden sich nach einer kurzen Begrüßung sofort über die Themen TikTok, Kreuzfahrten, Fleischkonsum, Selbstdisziplin, E-Bikes und Feminismus in die Haare kriegen. Und da hätten sie ihre Jacken noch nicht einmal ganz ausgezogen.

Mein 15-jähriges Ich würde zu meinem 80-jährigen Ich sagen: „Wegen deiner Ölheizung steigt der Meeresspiegel." Mein 80-jähriges Ich würde erwidern: „Wegen deiner Trägheit sinkt meine Pension." Und mein 40-jähriges Ich würde dem 80-jährigen Ich entgegenhalten: „Du kriegst wenigstens noch eine Pension."

Ein flüchtiger Moment der Eintracht könnte vielleicht während der Bestellung aufkommen: „Drei Bier, bitte" – doch auch hier würde die Zwietracht im Detail liegen. Meine drei Ichs würden dann schweigend vor einem Pils, einem Bock und einem Hopfen-Smoothie sitzen. Höchstwahrscheinlich würde das Treffen meiner drei Ichs regelmäßig in einer zünftigen Wirtshausschlägerei enden. Denn ich bin überzeugt, dass der Mensch für einen Streit keinen Zweiten benötigt.

Unser ganzes Leben lang sind unsere Gehirne Meinungs-fabriken, die unablässig Ansichten zu den Themen Veganismus, Wolfsansiedelung und sogar Hydroxychloroquin produzieren. Mir wird jedoch immer häufiger bewusst, dass einige meiner scheinbar unumstößlichen Wahrheiten – nachträglich betrachtet – die Haltbarkeit von einem Fruchtzwerg hatten.

Das ist durchaus begrüßenswert, denn warum soll sich nur unser Skelett alle zehn Jahre komplett erneuern? Deswegen sollten Sie eigentlich beleidigt sein, wenn beim 30-jährigen Klassentreffen jemand zu Ihnen sagt: „Du bist wirklich ganz der Alte!"

INNERE INKLUSION

Bei der letzten Nationalratswahl stand ich in der Wahlkabine und dachte mir: Irgendwie haben sie doch alle irgendwo auch recht. Also habe ich dann quer den gesamten Wahlzettel angekreuzt. Ideologisch gesehen bin ich ein sozial-patriotischer grün-liberaler Wirtschaftsmarxist.

LEIDER AUS MEINEM LEBEN

Vor einiger Zeit entschied ich mich, meinem niederösterreichischen Wohnzimmer einen Hauch französischer Eleganz zu verleihen. Ein stilvolles Sofa einer renommierten Pariser Möbelfirma, bestehend aus zwei Teilen, sollte den in die Jahre gekommenen schwedischen Sitzkollegen endgültig ablösen. Die Online-Bestellung verlief zunächst reibungslos, bis ich schließlich vier Mal hintereinander bestätigen musste, dass ich kein Roboter bin.

Um dies zu beweisen, klickte ich geduldig auf Ampeln, Zebrastreifen und Busse, bis die Firma endlich akzeptierte, dass ein echter Mensch vor dem Bildschirm saß. Diese Captcha-Tests beweisen eigentlich nur, dass ich mich im Straßenverkehr auskenne. Hätten sie mich stattdessen gebeten, auf Himmelsbildern nur die Schleierwolken auszuwählen, säße ich wohl immer noch auf meinem alten Ikea-Sofa Söderhamn.

Am Tag der Lieferung trafen sich dann in mir gleichzeitig zwei Gefühle – Freude und Ernüchterung. Das Sofa stand zwar ausgepackt in meinem Wohnzimmer – jedoch in zwei unverbundenen Teilen. Die entscheidenden Metalllaschen, die das Ensemble zusammenhalten sollten, fehlten.

Um dieses Missgeschick zu klären, griff ich zum Telefon und wählte die Nummer des Kundendienstes. Nach einigen Runden in der Warteschleife, begleitet von französischen Chansons, meldete sich eine weibliche Stimme. Zu meiner Überraschung sprach sie fast perfekt Deutsch.

Ich: Guten Tag. Lieferscheinnummer 13232/324. Es fehlen die Metalllaschen.

Kundendienstmitarbeiterin: Die Metalllaschen! Das ist blöd.

Ich: Ja, das ist so richtig blöd, weil so kann man nicht sitzen.

Kundendienstmitarbeiterin: Ja, sitzen ist wohl die Kernaufgabe eines Sofas. Was ich Ihnen anbieten kann, ist ein 50-Euro-Gutschein auf die nächste Lieferung.

Ich: Fein, gern, aber zusätzlich brauche ich die Metalllaschen.

Kundendienstmitarbeiterin: Das geht leider nicht.

Ich: Wie? Aber wie können Sie mir dann helfen?

Kundendienst: Mit einem 50-Euro-Gutschein auf die nächste Lieferung.

Ich: Was bringt mir ein Gutschein? Soll ich den statt den Metalllaschen aufs Sofa schrauben?

Kundendienst: Bitte seien Sie nicht so aggressiv. Ich will Ihnen ja nur helfen!

Ich: Aber wie?

(Schweigen)

Kundendienst: Wie wäre es als erste Maßnahme, dass Sie ihn akzeptieren?

Ich: Was soll ich akzeptieren?

Kundendienst: Den 50-Euro-Gutschein auf die nächste Lieferung.

Ich (brüllend): Was habe ich bitte davon?

Kundendienst (brüllte zurück): Nun, vielleicht ein Kissen! Einen Kerzenständer! Wir haben jetzt einen Miniatur-Eiffelturm aus mundgeblasenem Glas.

Ich: Aber ich will sitzen! Und das nicht auf einem Eiffelturm! Ich bitte Sie – nein – ich flehe Sie an! Könnten Sie nicht im Lager nachfragen, ob Sie noch diese Metalllaschen haben?

Kundendienst: Ich versuch's und melde mich.

Erneut ein Band. Édith Piaf. „Non, je ne regrette rien." Ich bereue nichts. In Anbetracht der Sofabestellung war ich mir da nicht mehr sicher. Die Kundendienstmitarbeiterin meldete sich.

Kundendienst: Ja, Herr Eckel, Sie haben ein Glück! Wir haben diese Metalllaschen. Sogar ganz viele!

Ich: Sehr gut.

Kundendienst: Einziges Problem – wie soll ich sagen – leider dürfen wir sie nicht verschicken.

Ich: Wie?

Kundendienst: Firmenpolitik. Aber, Herr Eckel – und jetzt werden Sie sich freuen –, nach Rücksprache mit meiner Chefin, kann ich Ihnen einen weiteren 50-Euro-Gutschein anbieten!

(Kurz schwieg ich.)

Ich: Frage: Sind Sie ein Roboter?

Kundendienst: Wie?

Ich: Ich schicke Ihnen jetzt per Mail Fotos von Ampeln, Zebrastreifen und Autobussen. Bitte diese markieren.

Kundendienst: Warum glauben Sie, dass ich kein Mensch bin?

Ich: Weil Sie, egal, was ich sage, immer mit einem 50-Euro-Gutschein antworten. Das macht nur ein Chatbot.

Kundendienst: Ich bin zu 100 % ein Mensch.

Ich: Ich auch!

Dieser letzte Dialog hätte vor wenigen Jahren die Einnahme von Psychopharmaka gerechtfertigt.

Ich: Und – was machen wir jetzt?

Kundendienst: Ich trau mich nicht mehr zu sagen, was ich Ihnen gern vorschlagen würde.

Ich: Bitte nicht!

Kundendienst: Eine Alternative gäbe es noch.

Ich: Die wäre?

Kundendienst: Sie schicken das Sofa zurück.

Ich: Aber es fehlen doch nur zwei ganz kleine Metallteile!

Kundendienst: Nun, etwas anderes darf ich Ihnen nicht anbieten. Firmenpolitik.

(Ich dachte nach.)

Ich: Gut, machen wir das. Ich habe nur noch eine Frage – was passiert jetzt mit dem Sofa?

Kundendienst: Die Spedition holt es ab, bringt es nach Frankreich, in einem Lager in der Nähe von Paris wird der Erhalt kontrolliert, dann senden wir es weiter nach Polen, genauer nach Kattowitz, denn dort wurde das Sofa produziert, und dann – wird es entsorgt.

Ich: Entsorgt!? In Polen?

Kundendienst: Nein, dort werden Teile des Rahmens recycelt, den Rest schicken wir weiter nach Dobritsch, das ist in Bulgarien, um es zu verbrennen.

(Schweigen)

Ich: Ist das Ihr Ernst?

Kundendienst: Das machen wir immer so.

Ich: Und das nur wegen zwei fehlender Metalllaschen, die bei Ihnen im Lager liegen?

Kundendienst: Ja, Firmenpolitik.

Ich legte auf und setzte die Rücksendung in Gang. Doch zuerst spielte ich am Computer noch eine Runde „Ich bin kein Roboter"-Bingo. Diesmal standen beim Captcha-Test Eistüten, Muffins und Waffeln auf dem Programm. In der IT-Abteilung der Möbelfirma dürften ganz offensichtlich keine Diabetiker arbeiten.

Diese Sofa-Odyssee hat jedoch meinen Blick auf den Online-Handel nachhaltig verändert. Ich spekuliere jetzt jedes Mal, wenn ich auf der Autobahn LKWs sehe, wie viele Sofas oder andere Möbelstücke gerade durch Europa gekarrt werden, nur um diese am Ende feierlich zu entsorgen. Ich bin sicher kein Einzelfall. Übrigens, da ich die E-Mail-Adresse der Pariser Kundendienstmitarbeiterin hatte, beschloss ich eine Woche später, ihr einen 50-Euro-Gutschein für zwei Kabarettkarten im Wiener Stadtsaal zu schicken.

JESUS UND JÖSAS

Französische Bibelforscher behaupten, eine historische Sensation entdeckt zu haben: Jesus hatte einen Zwillingsbruder. Sein Name? Jösas.

Diese brisante Information gelangte durch einen ehemaligen Präfekten des Vatikanischen Apostolischen Archivs an die Öffentlichkeit. Dieser Mann bewahrte jahrelang einige unveröffentlichte Seiten des Lukas-Evangeliums in einem Tresor auf, um das Ansehen der Heiligen Familie vor Schaden zu bewahren. Doch jetzt, da das 42-seitige Dokument im Umlauf ist, offenbart sich ein Bild, das in der Kirchengeschichte so noch nicht erzählt wurde: Jösas, der Zwillingsbruder von Jesus, war ein Heiland mit zwei linken Händen. Im Moment sind nur Auszüge seiner Taten bekannt, aber diese könnten innerhalb der Kurie für ein Erdbeben sorgen.

Jösas erblickte in Bethlehem wenige Minuten nach Jesus das Licht der Welt. Er war von Anfang an der Schatten, der dem Licht folgte. Während Jesus in Marias und Josephs Armen als der Erlöser umsorgt wurde, purzelte Jösas gleich am ersten Tag mehrmals aus der Krippe. Selbst die Engel hatten ihn in ihrer Verkündigung völlig vergessen und die Stallgemeinschaft hoffte insgeheim, dass Jösas vielleicht einfach die Nachgeburt war. Da sie diese Nachgeburt jedoch auch wickeln und stillen mussten, war die Hoffnung sehr rasch begraben. Über Jösas gibt es nur bruchstückhafte Überlieferungen, denn offensichtlich war es im Interesse jedes gläubigen Christen, seine Existenz zu vertuschen.

Dennoch ist bekannt, dass Jösas regelmäßig an der Seite seines berühmten Bruders auftauchte. Beispielsweise bei der Hochzeit zu Kana. Während Jesus dort Wasser in Wein verwandelte und die Hochzeitsgesellschaft begeisterte, wollte Jösas ebenfalls mit einem Wunder glänzen. Doch statt in edlen Rebensaft verwandelte er das Wasser in Geschirrspülmittel. Der Abend nahm eine unerwartete Wendung, als es nach wenigen Schlucken aus den Mündern der Gäste schäumte. Jesus musste den Fehler mühsam korrigieren. Auch die weltweit bekannte Szene am See Genezareth blieb nicht verschont. Während Jesus unter Applaus der Bevölkerung über das Wasser wandelte, beschloss Jösas, es ihm gleichzutun. Nur wenige Sekunden später trieb er prustend zwischen den Wellen. Er erzeugte mit seinen rudernden Armen einen Wasserstrudel, der beinahe das Boot der Apostel zum Kentern brachte. Wieder musste Jesus eingreifen, das Boot stabilisieren und Jösas fluchend aus den Fluten ziehen. Die Häme der am Ufer stehenden Zuschauer war den beiden gewiss. Die Bevölkerung rief dem erzürnten Jesus lachend zu: „Was lehrst du uns – liebe deine Feinde! Fang du einmal mit deiner Verwandtschaft an!"

Jösas bekam seine magischen Fähigkeiten einfach nicht unter Kontrolle. In Galiläa verwandelte Jösas einen Gehörlosen in einen Blinden und einen Blinden in einen Tauben. Jesus war ständig gezwungen, seinen Bruder zu verfolgen, und musste „korrekturheilen". Wenn Jösas eine Ortschaft verließ, jubelte die Bevölkerung erleichtert auf: „Ein Wunder ist geschehen!" Jösas war im Gegensatz zu seinem Bruder auch nicht von wissbegierigen Jüngern umzingelt, sondern er nervte permanent seine Mitmenschen und wurde ein Dutzend Mal von einem römischen Gericht wegen Stalkings verurteilt.

Trotz der vielen Pfusch-Heilungen lud der großherzige Jesus seinen Bruder zum Letzten Abendmahl ein. Doch auch dabei verhielt sich Jösas erneut unpassend. Er schmückte den Tisch mit bunt bemalten Eiern, weil er dachte, sie feierten bereits Ostern. Bevor der Heiland den Raum betrat, konnte der Apostel Thomas diese Dekoration gerade noch entfernen. Das tat dem Unfug keinen Abbruch. Nachdem der Hahn drei Mal gekräht hatte, erschienen auf Jösas' Initiative für die Apostel zwölf Stripperinnen. Jesus mahnte seinen Bruder: „Jösas, das Letzte Abendmahl ist kein Polterabend!" und ließ die Prostituierten nach draußen begleiten. Es folgte ein wilder Streit, bei dem sogar Judas Jösas vorwarf, ein Verräter zu sein. Unbestätigten Gerüchten zufolge mündete das Letzte Abendmahl schließlich zwischen den Aposteln und Jösas in einer Kneipenschlägerei.

Im Jahr 36 nach Christus war man sich in ganz Galiläa einig: Jösas wird ohne Gerichtsprozess gekreuzigt. Leider ist Jösas am Weg Richtung Ölberg auf einer Bananenschale ausgerutscht und wurde aufgrund dessen zum lebenslangen Pflegefall. Mehr gesicherte Informationen sind über Jösas leider nicht bekannt. Doch eines kann man sagen: Jösas' Wirken reichte noch weit über seine Lebenszeit hinaus. Er missionierte in Galiläa und brachte mit seinem Verhalten unzählige Menschen zum Atheismus. In den Heiligen Schriften der Ungläubigen heißt es über Jösas den Propheten: „Wenn das der Gesandte Gottes ist, dann sind wir uns sicher, dass es keinen Gott gibt."

Die katholische Kirche zeigt sich wenig erfreut über die Veröffentlichung der geheimen Seiten des Lukas-Evangeliums. Der Papst gab trotzdem nach einer dreitägigen Bedenkzeit in einer Presseaussendung Folgendes bekannt: „Diese neuen Berichte über Jesus und seinen Umgang mit dem Zwillingsbruder Jösas zeigen den Heiland von einer berührenden, menschlichen Seite. Und sie beweisen vor allem eines: Auch in einer heiligen Familie gibt es manchmal ein schwarzes Schaf."

LiEBE LiEBER UNGEWöHNLiCH

Seit einem Jahr bin ich Besitzer eines Rasenmähroboters. Vermutlich der Inbegriff der Spießigkeit. Die Anschaffung ist einfach zu begründen: Nach einer fünftägigen Tournee erwarteten mich zu Hause nicht nur meine mich sehnsüchtig vermissenden Kinder, sondern auch eine völlig überwucherte Mischung aus Wiese und Gstettn. Die Sehnsucht meiner Kinder konnte ich stets binnen Sekunden stillen. Ich musste ihnen einfach den WLAN-Router zurückgeben. Der gemischte Satz aus Rasen und Unkraut war jedoch anspruchsvoller. Er erforderte das monotone Hin- und Hergeschiebe eines benzinbetriebenen Rasenmähers. Meine regelmäßige Rückkehr von Tourneen an Sonntagen führte dazu, dass meine bereits beeinträchtigte Beliebtheit in der Nachbarschaft noch weiter abnahm. Hinter der am Zaun stehenden Kirschlorbeerhecke ertönten dann oft Begrüßungen wie „Eckel, Ruhe! Sonst daschlog i di mit meim Laubbläser!"

Der Rasenmähroboter ist mittlerweile nicht nur der surrende Freund meiner Trägheit, sondern es entwickelte sich bei mir ein Fetisch. Ich schaue ihm unglaublich gern beim Arbeiten zu. Stundenlang könnte ich vor der Wiese auf meinem Klappsessel sitzen, um ihn genau bei der Tätigkeit zu betrachten, die mir dank ihm erspart bleibt. Er ist mein einziger Mitarbeiter, jedoch ausgestattet mit den Rechten eines Arbeiters im 17. Jahrhundert. Keine Gewerkschaft, keine

Urlaubsansuchen und nicht einmal bei der Weihnachtsfeier darf er ins Haus. Das Beruhigende an Robotern ist, dass man positive, jedoch anstrengende Eigenschaften wie den Fleiß einfach an sie auslagern kann. Vielleicht übernehmen Roboter irgendwann auch meine Zielstrebigkeit, meinen Scharfsinn und, ganz wichtig für einen Wiener, die Freundlichkeit.

In den letzten Wochen ist mir etwas aufgefallen, womit ich niemals gerechnet hätte. Es entwickelte sich zwischen meinem Rasenmähroboter und einer Bachstelze eine romantische Annäherung. Anfangs platzierte sich der kleine Vogel zaghaft vor dem Roboter auf der Wiese. Die Bachstelze umkreiste ihn hüpfend, als wollte sie ihn frotzeln. Meinen Mähroboter, welchen ich aufgrund seines Überblicks für den Rasen Herbert Prohaska taufte, versuchte sie tatsächlich zu jagen. Es kam zu einer wochenlangen liebevollen Spielerei zwischen einer 150 Millionen Jahre alten Tierart und einer zwei Jahre alten künstlichen Intelligenz. Da die beiden mittlerweile jeden Tag beieinander verbringen, behaupte ich kühn, dass sie ein Paar sind.

Kurz nachdem Herbert Prohaska in der Früh aus seiner Ladestation herausfährt, fliegt die Bachstelze auf ihn zu und setzt sich auf sein Plastikgehäuse. Herbert Prohaska ist damit nicht nur Rasenstutzer, sondern auch Vogeltaxi. Ich vermute mittlerweile, dass sich auch bei der Liebe zwischen Tieren und Gartengeräten die Gegensätze anziehen dürften. Die Bachstelze ist ganz offensichtlich von der ruhigen und bedächtigen Art, mit der Herbert Prohaska täglich seine Bahnen zieht, fasziniert. Dieses arbeitsame Pflichtbewusstsein, trotz einer Siebentagewoche nicht zu maulen, sondern immer die Time-Code-Angaben des Besitzers im Blick zu haben. Diese Konstanz steht im perfekten Kontrast zur flatterhaften Natur einer Bachstelze. Herbert Prohaska ist vielleicht wiederum berührt von der Leichtigkeit und dem Freiheitsdrang des Vogels. In den letzten Tagen vernehme ich auch eine intensivere Kommunikation. Während die Bachstelze auf ihm sitzt, zwitschert sie munter vor sich her und Herbert antwortet alle zehn Minuten mit monotonen Summ- und Vibrationsgeräuschen. Die heteronormative Rollenverteilung dürfte zwischen den beiden also geklärt sein.

Wirklich berührend war ihre Zweisamkeit während des letzten Unwetters. Herbert Prohaska blieb nach einem Gewitter mit den Rädern in der feuchten Erde eines Abhangs hängen. Er versuchte sich immer wieder mit voller Motorenkraft in eine stabile Lage zu kämpfen, doch dadurch wurde die Furche, in der er stecken blieb, nur tiefer.

Mir fiel die Mähroboterpanne nur auf, weil die Bachstelze ganz hysterisch im Garten umherflog und in einer markant höheren Frequenz zwitscherte. Ich interpretierte es als das Blaulicht einer Bachstelze. Dieses Signal veranlasste mich, in den Garten zu gehen. Ich befreite Herbert aus seiner misslichen Lage und trug ihn wieder zurück in seine vertraute Ladestation. Seit diesem Vorfall hockt die Bachstelze bei Starkregen unter dem Deckel von genau dieser. Wir leben also in einer Zeit, in der ein Rasenmähroboter einen Vogel bei sich hat einziehen lassen. Schade, dass in den Fernsehnachrichten über so eine grenzüberschreitende Romanze nie berichtet wird.

Natürlich fragte ich mich als Außenstehender bereits, ob die beiden mittlerweile über gemeinsamen Nachwuchs nachdenken. Da dies auf biologischem Weg äußerst schwierig

wird, werden sie vielleicht eine Adoption in Erwägung ziehen. Vermutlich von einem kleinen Stiefmütterchen oder
einer Gießkanne. Die Wege der Liebe bleiben auf alle Fälle
weiterhin unergründlich.

EiNMAL oHNE ALLES

Gelegentlich trete ich in Deutschland auf. In Karlsruhe
wollte mir eine Veranstalterin vor der Vorstellung ihr Lieb-
lingsrestaurant zeigen. Ich möge mich schick anziehen, es
sei etwas ganz Besonderes. So stand ich um Punkt 17.30
Uhr vor besagtem Ort, gestriegelt, in meinem blauen Sakko,
bei dem ich versuchte, zwei Wasserflecken abzudecken, die
dadurch entstanden waren, dass ich beim Anziehen auf den
Ärmeln einen Müslifleck und einen Heidelbeerjoghurt-
Patzer entdeckte. Die mussten natürlich gleich weggerieben
werden. Nach der Reinigungsaktion stand ich vor dem Spiegel und mir wurde wieder einmal folgende Lehre vor Augen
geführt: Probleme werden kleiner, wenn ich sie ignoriere,
und größer, wenn ich interveniere.

Das Restaurant war schummrig beleuchtet, prunkvoll
gestaltet und im altdeutschen Stil eingerichtet. Das Interi-
eur, der Kellner und der Geruch waren eigentlich völlig aus
der Zeit gefallen. Es wirkte wie ein Museum mit Speisekar-
ten. Man hätte Kaiser Wilhelm II. zum Fenster setzen können, es wäre niemandem aufgefallen. Sofort dachte ich an
meine Kinder. Sie hätten sich am Eingang des Restaurants
sofort umgedreht, da viel zu wenig Plastik. Tische aus Holz
und Silberbesteck bedeutet, man wartet lange auf das Essen.
Mein Sohn hätte den Kellner vermutlich gefragt, ob sie gerade einen Stromausfall haben. Denn in einem wirklich gu-

ten Restaurant wischt man mit seinem Zeigefinger über einen elektronischen Bestellbildschirm und schiebt dann das Menü in den Warenkorb. Wenn der Strom zurückkommt, hätte der Kellner also zwei Möglichkeiten – Urlaub oder AMS. Nach solchen Gedankengängen bin ich immer dankbar, allein unterwegs zu sein, beziehungsweise, dass ich auf einer Tournee meine Kinder vermissen darf.

Im Nobelrestaurant trat der Kellner, dessen Gesicht tatsächlich ein Zwirbelbart zierte, an den Tisch und sprach seine Empfehlungen aus: „Ochsenschwanzparfait mit Sauternesgelée und Trüffelpolenta, Fasanrücken auf Sellerie-Mousse mit Safranfäden oder Hummer Thermidor mit alter Mimolette und Meerrettich-Espuma." Da ich kulinarisch überschaubar bewandert bin, verstand ich von seinen Vorschlägen genau vier Wörter: „und" „auf" „mit" und „oder". Um mich vor der Peinlichkeit der Unwissenheit zu bewahren, schlüpfte mein Gesicht sofort in den Pokerface-Modus. Ich legte meinen Kopf nach hinten, um den Anschein zu erwecken, ich würde die Geschmacksknospen meiner Zunge zu den einzelnen Vorschlägen befragen. Nach einer Minute des Innehaltens lehnte ich mich nach vorn, blickte dem Kellner tief in die Augen und sagte: „Frage – habt ihr zufällig ein Butterbrot?"

Vielleicht war diese Frage überraschend, jedoch ist für mich das Butterbrot eine viel zu wenig gewürdigte Speise. Dieses auf den ersten Blick bescheidene Mahl ist für mich ein kulinarisches Meisterwerk aus Fetten und Kohlehydraten. Gleichzeitig verkörpert es durch seine schlichte Form die philosophische Weisheit, dass weniger mehr ist. Es braucht für die Zubereitung kein Heer an Gerätschaften – keinen Dampfgarer, keine Induktionsplatte, keinen Thermomix –, lediglich Brot, Butter, ein Messer, und schon liegt die ovale Gaumenfreude am Schneidebrett.

Ein Butterbrot ist handlich, es lässt sich leicht verpacken und transportieren. Es ist zusammenklappbar und verliert durch das Einwickeln in eine Alufolie weder an Form noch an Qualität. Es ist die perfekte Mahlzeit für unterwegs, sei es auf Reisen, bei der Arbeit oder wenn man sich in einem Schuppen vor der Polizei versteckt. Nach dem Genuss eines Butterbrots bleibt niemals Geschirr zurück. Man muss nach dem Verzehr keinen Geschirrspüler einräumen, sondern kann sich auf sein Leben oder auf seine Gäste konzentrieren. Ein Butterbrot will nicht mehr sein, als es ist. Damit spielt es in der Welt von Instagram und TikTok die Rolle des angenehmen Außenseiters.

Ein Butterbrot verweigert sich der Inszenierung. Seine Optik besteht fast nur aus dem neutralen Weiß der Butter. Diese monotone, unbespielte Fläche beruhigt das Gemüt, erlaubt aber gleichzeitig Raum für eigene Fantasien. Unter den Butterbrot-Sommeliers gibt es natürlich auch die Fraktion Butterbrot mit Schnittlauch. Das ist für mich, einen Butterbrot-Puristen, ein Affront. Ein Butterbrot braucht kein Tuning. In einer Zeit der ständigen Optimierung darf das Butterbrot so bleiben, wie es ist. Die Welt bleibt undurchsichtig, das Butterbrot spendet aufgrund seiner Klarheit Trost. Die bereits aus der Kindheit vertrauten Aromen von Brot und Butter schenken dem Verzehrenden eine wohlschmeckende Umarmung, die ermutigt und gleichzeitig erdet. Das Butterbrot ist ein kulinarischer Anker in einem Meer von Trends und Hypes. Eine verlässliche Konstante, die immer zufriedenstellt. Zu jeder Tageszeit. Als Frühstück oder als Mitternachtssnack. Das Butterbrot befriedigt zeitlos. Jedes Kind liebt es und auch im hohen Alter bleibt einem der Genuss nicht verwehrt. Falls die Gefahr besteht, dass die bereits morschen Zähne an der harten Brotrinde zerbersten, lässt sich das Butterbrot widerstandslos pürieren. Deswegen steht auch in meiner Patientenverfügung, dass die allerletzte Nahrung, die ich zu Lebzeiten einnehmen will, ein Butterbrot-Smoothie ist.

Das alles teilte ich dem Kellner lautstark mit. Die Gäste um mich herum waren von meinen Worten begeistert. Es setzte zuerst zaghafter Applaus ein, doch dieser mündete schon nach wenigen Sekunden in frenetischem Beifall. Eine in schwarzen Samt gekleidete ältere Dame schob angewidert ihr Essen weg, welches zu 90 Prozent aus einem Teller bestand. Nur in der Mitte lag etwas Grünzeug mit Sauce. Sie stand auf und begann zu schreien: „Butterbrot! Butterbrot!" Dabei bewegten sich ihre tropfenförmigen Silberohrringe derart stark, dass sie ihre Wangen touchierten. Dieses Klirren verlieh ihrer Forderung noch mehr Nachdruck.

Die außer sich geratene Dame löste mit ihrem Verhalten eine kulinarische Protestbewegung aus. Immer mehr Gäste des mit Michelin-Sternen dekorierten Edelrestaurants erhoben sich und riefen Richtung Küche: „Butterbrot! Butterbrot!" Die Kellner eilten hinter den Tresen. So etwas hatten sie noch nie erlebt. Die vornehme Kundschaft erhob sich gemeinsam gegen die Haute Cuisine. Meuterei im Gourmettempel. „Butterbrot! Butterbrot!"

Nach wenigen Minuten lief der mehrfach preisgekrönte Koch aus der Küche. Eine Lawine von Pfiffen und Buhrufen begleitete ihn. Der Koch stellte sich in die Mitte des Lokals. Seine Arme waren nach hinten verschränkt: „Meine Damen und Herren! Bitte beruhigen Sie sich!" Doch die Kundschaft kannte kein Erbarmen. „Butterbrot! Butterbrot!"

Der Koch tat nun das einzig Richtige. Er zog seine Arme nach vorn und streckte sie in die Höhe. Es wurde andächtig still. In der rechten Hand hielt der Koch einen Laib Schwarzbrot und in der linken Hand eine Butterdose. Ein Raunen ging durchs Lokal. Dann führte der Koch die beiden Arme zusammen, sodass die beiden Nahrungsmittel symbolisch eine Einheit bildeten. Diese Einsicht wurde von den Gästen goutiert. Man hörte mehrfach: „Bravo!", „Jawohl!", „Endlich was Genießbares!" Doch diese kurze Begeisterung mündete sogleich in einer Aufforderung. Das ganze Lokal rief synchron in Richtung des Kochs dasselbe Wort: „Streichen!", „Streichen!" So verschwand der Koch sofort in der Küche, um nach wenigen Augenblicken mit einem Tablett voller Butterbrote wieder zu erscheinen. Die Gäste langten gierig zu und stopften sich die Brote mit Raubtierhaftigkeit in den Schlund. Das Zerbeißen galt als Nebensache, dieser Geschmacksknospenorgasmus sollte unversehrt den Magen erreichen. Sämtliche Gäste waren sich würgend einig – der Butterbrottank muss endlich wieder aufgefüllt werden.

Okay, also ehrlicherweise war es damals ein wenig anders. Nachdem mir der Kellner die Empfehlungen unterbreitet hatte, antwortete ich, da ich die vorgeschlagenen Gerichte nicht aussprechen konnte, nur: „Ich krieg bitte das Zweite!"

Im Gegensatz zu Ingeborg Bachmann bin ich nämlich fest der Überzeugung: Die Wahrheit ist dem Menschen nicht zumutbar.

KLASSE STATT MASSE

Im Piestingtal befand sich ein strahlendes Feld mit Sonnenblumen, welches bis zum Horizont reichte. Jede Sonnenblume in diesem Meer von Gelb und Grün streckte sich stolz in die Höhe und blickte voller Hingabe zur Sonne, die allen Licht und Wärme schenkte. Jede Sonnenblume? Nein. Eine verweigerte sich.

Diese Sonnenblume hieß Agathe. Agathe war anders. Sie hatte beschlossen, sich nicht wie alle anderen der Sonne zuzuwenden. Stattdessen schaute sie stur in die entgegengesetzte Richtung. Die anderen Sonnenblumen ermahnten Agathe. „Was machst du da?", fragte eine ihrer Nachbarinnen, die überaus pflichtbewusste und immer zur Sonne gerichtete Vanessa. „Die Sonne ist da drüben!"

Agathe antwortete nicht, sondern streckte sich noch mehr in die verkehrte Richtung. Auch von den anderen Sonnenblumen wurde das nicht konforme Verhalten missfällig kommentiert. „Was ist mit der los?" „Die glaubt wohl, sie ist was Besonderes!" Eine der ältesten Sonnenblumen, ein gewisser Karl-Ferdinand, blickte kurz zu Agathe und bemerkte verärgert: „Die Jugend von heute, kein Respekt mehr vor der Tradition." Die fidele Beate erwiderte: „Ach, seid nicht so streng, vielleicht versucht sie, mit der Drehung ihre Nackenmuskulatur zu kräftigen. Noch nie was von Blumenyoga gehört?" „Ich glaube, sie hat einfach verschlafen und jetzt schämt sie sich vor der Sonne", fügte Sonnenblume Herbert der Diskussion hinzu.

Nach einiger Zeit waren sich alle Sonnenblumen auf dem Feld einig, dass man Agathe wieder auf Linie bringen müsse. Seit Jahrtausenden richten sich Sonnenblumen eben zur Sonne. Vereint riefen sie in Richtung von Agathe: „Umdrehen! Umdrehen! Umdrehen!"

Agathe verharrte kurz in Stille, drehte sich schließlich um und sagte: „Kolleginnen und Kollegen! Ich fühle mich eigentlich nicht zu einer Rechtfertigung verpflichtet, trotzdem will ich euch antworten und meine Freunde werden mich dabei moralisch unterstützen …" Vanessa unterbrach sie: „Ha, bitte, wer sind deine Freunde? Vielleicht eine Katzelsdorfer Blattlaus oder eine Gloggnitzer Motte?"

Die anderen Sonnenblumen kicherten hämisch, doch Agathe ließ sich nicht beirren. „Meine Freunde sind die großen Philosophen der Weltgeschichte!" „Bitte wer?", fragte Beate. „Nietzsche, Seneca, Sartre, Camus, Kant, um nur ein paar wenige zu nennen." „Hör doch auf, die hätten aus dir sofort ein Speiseöl gemacht", erwiderte Karl-Ferdinand. „Dann hast du sie nicht verstanden", antwortete Agathe. „Bereits Stoiker wie Marc Aurel glaubten an die Ruhe und Ausgeglichenheit, die unabhängig von äußeren Umständen zu finden sind. Während ihr alle zur Sonne blickt und von ihrer Wärme abhängt, finde ich meine Gelassenheit im Schatten. Ich habe erkannt, dass das wahre Glück von innen kommt, nicht von der Sonne, die uns nicht nur wärmt, sondern auch blendet. Die Existenzialisten waren sich sicher, dass das Leben keinen vorgegebenen Sinn hat und wir unseren eigenen Weg finden müssen. Indem ich in die entgegengesetzte Richtung blicke, erschaffe ich meinen eigenen Sinn. Ich bin nicht an die Erwartung gebunden, immer der Sonne nachzustreben. Ich finde Erfüllung darin, das Unbekannte zu erkunden und manchmal bedeutet das, gegen den Strom zu schwimmen – oder, besser gesagt, gegen die Sonne zu schauen. Nihilisten wie Nietzsche behaupteten, dass alles letztlich bedeutungslos ist. Warum also nicht die Dinge auf den Kopf stellen? Wenn alles keinen Sinn hat, dann hat auch meine Entscheidung, in die andere Richtung zu schauen, ihren eigenen Zauber. Die Philosophie des Dualismus ist ein weiterer faszinierender Ansatz. Es gibt immer zwei Seiten einer Medaille. Während ihr die helle Seite der Sonne seht, bin ich auf der Suche nach der dunklen Seite, um ein umfassenderes Verständnis der Welt zu erlangen. Der Schatten ist auch der Ort, an dem das Unbewusste aufblüht, wo Gedanken gedeihen können, ohne vom grellen Licht der Realität verbrannt zu werden. Der Schatten ist der Raum des Potenzials, des Noch-Nicht-Offensichtlichen. Und seien wir ehrlich, wer von uns hat nicht manchmal das Bedürfnis, sich in die kühlen Arme des Schattens zu flüchten und dem ständigen Druck des Lichts zu entkommen?"

Diese Ansprache zeigte Wirkung. Ein ganzes Heer an Sonnenblumen wirkte nachdenklich. Nach einer rhetorischen Pause fragte Agathe das Blumenfeld: „Wisst ihr, was euch fehlt?" Die Sonnenblumen schüttelten beschämt den Kopf. „Mut zur Individualität! Jede von uns ist einzigartig, doch wie oft vergessen wir das und streben danach, einander zu gleichen? Der Blick zur Sonne ist eine Tradition, ja, aber müssen Traditionen nicht auch manchmal hinterfragt werden? Durch meine Entscheidung, mich umzudrehen, möchte ich euch daran erinnern, dass es völlig in Ordnung ist, anders zu sein. Nein, es ist nicht nur in Ordnung, es ist notwendig! Unsere Einzigartigkeit ist unsere Stärke, und indem wir sie ausleben, bereichern wir das Feld, das wir gemeinsam bilden! Also, liebe Kolleginnen und Kollegen, lasst uns das Leben in seiner ganzen Vielfalt und Tiefe umarmen. Lasst uns nicht nur nach dem Licht streben, sondern auch den

Schatten wertschätzen. Denn im Schatten finden wir Ruhe, Perspektive, Individualität, Neugier und Widerstand."

Sämtliche Sonnenblumen auf dem Feld waren von der Rede ergriffen. Sie murmelten und besprachen mit den jeweiligen Nachbarn das gerade Gehörte. Danach richteten sie sich in Agathes Richtung auf und riefen im Chor: „Einzigartigkeit! Einzigartigkeit! Einzigartigkeit!" „Ab morgen", rief Vanessa, „beweist jede von uns, dass sie selbstbestimmt über die Richtung ihres persönlichen Wachstums entscheidet!" „Jawohl, so machen wir das!", antworteten die anderen. Danach bereiteten sie sich gut gelaunt auf die bevorstehende Nachtruhe vor.

Am nächsten Morgen, kurz nachdem im Piestingtal die Sonne aufgegangen war, zeigte sich ein tristes Bild. Alle Blumenköpfe hingen nach unten. Die Lebenszeit der Sonnenblumen war abgelaufen. Auch Agathes Leben endete an diesem Tag. Doch zumindest hing ihr Kopf weiterhin als einziger in eine eigene Richtung.

DER TOD BEI DER VERHALTENSTHERAPIE

(Ein Fernsehsketch, der nie im Fernsehen war)
Eine Psychiaterin sitzt in ihrer Praxis in einem kaminroten Ohrensessel und blickt in einen Akt. Es klopft an der Tür.

Psychiaterin: Herein!

Ein Mann in schwarzer Kutte und mit einer Sense tritt ein. Die Psychiaterin ist weiterhin in ihre Unterlagen vertieft.

Psychiaterin: Sie sind?

Sensenmann: Ein Neukunde.

Psychiaterin: Und von Beruf?

Sensenmann: Ich würde sagen, das Gegenteil einer Hebamme.

Psychiaterin: Bitte nehmen Sie Platz. Womit kann ich helfen?

Der Sensenmann legt sich auf die Couch.

Sensenmann: Also mein Problem ist, also okay, ich sage es Ihnen offen – ich bin lebensmüde.

Die Psychiaterin sieht zum ersten Mal auf.

Psychiaterin: Sie! Aber Sie sind doch der …

Sensenmann: … Sensenmann, aber schauen Sie nicht so ängstlich, ich besuche Sie nicht beruflich, sondern privat.

Psychiaterin: Bin ich beruhigt! Aber was belastet Sie?

Sensenmann: Das Geschäft.

Psychiaterin: Das läuft doch weltweit hervorragend.

Sensenmann: Weltweit vielleicht, da dürfen wir uns von der Tod GmbH nicht beschweren. Vor allem in Regionen, in denen Autokraten herrschen, mit wenig Lebenserwartung und vielen Waffen – doch ich bin ja in unserem Konzern nur ein kleiner Regionalmanager. Zuständig für die Gebiete Neusiedler See, Pinkafeld und die Seestadt Aspern.

Psychiaterin: Für die Seestadt Aspern?

Sensenmann: Ich finde das auch eine Frechheit. Da wohnen so wenige Menschen, es wirkt dort auch ohne mich ausgestorben.

Psychiaterin: Aber was trübt dann Ihr Gemüt?

Sensenmann: Die Menschen in Österreich werden immer mehr zu Friedhofsflüchtlingen.

Psychiaterin: Wie?

Sensenmann: Lesen Sie keine Statistiken? In Österreich ist die Lebenserwartung seit den 80er-Jahren um 17,843 Prozent gestiegen!

Psychiaterin: Das ist sicher auch uns Ärzten zu verdanken, wenn ich so unbescheiden sein darf.

Sensenmann: Das würde ich nicht sagen. Notfallchirurgen, die seit 18 Stunden operieren, zählen zu unseren besten Lieferanten. Wissen Sie, wer in Wahrheit verantwortlich ist? Der Vorsorgeboom.

Psychiaterin: Wie?

Sensenmann: Der Zeitgeist will mich verdrängen. Es gibt eine Sonnencreme mit Schutzfaktor 60. Kaum zeigen sich zwei zarte Sonnenstrahlen, schmieren sich die Menschen einen Hautpanzer ins Gesicht. Wie soll sich unter diesen Umständen ein kleines Melanom entfalten? In Neusiedl am See gibt es einen Stammtisch, da bestellen sich die Gäste mittlerweile regelmäßig einen Fitnesssalat und dazu ein kleines, alkoholfreies Bier. Wenn möglich glutenfrei. Dieser Gesinnungswandel ist mein Ruin! Solche Menschen trinken auch bei einer Weinverkostung ein ungesüßtes Zitronenkracherl. Rund um den Neusiedler See gibt es immer weniger Aufträge. Der Wasserspiegel ist so niedrig, da kannst du vielleicht kneipen, aber sicher nicht ertrinken. Und wohin mein Auge reicht, Fahrradfahrer mit Helm! Was kommt als Nächstes? Tischtennisspielen mit Ganzkörper-Airbag? In den Mündern von den am Seeufer bummelnden Studenten stecken nicht mehr wie früher filterlose Gauloises, sondern in Salbeipesto getunkte Selleriestangerl. Und die Alten? Im Strandbad von Podersdorf gibt es Ü90-Yoga. Anstatt wie jeder anständige Alte im Ohrensessel vom Krieg zu erzählen, stehen die am Kopf und hoffen dabei, dass die künstliche Hüfte nicht Richtung Brustkorb rutscht. Denn Yoga steigert die Lebensenergie. Aber meinem Geschäft zieht es den Stecker! Letzte Woche habe ich einer 98-jährigen Purbacherin beruflich auf die Schulter geklopft, sagt die doch tatsächlich zu mir: „Tut mir leid, lieber Tod, heute kann ich nicht, ich habe Pilates!"

Psychiaterin: So wie sich das anhört, leiden Sie unter Transformationsschmerzen.

Sensenmann: Wie?

Psychiaterin: Der Wandel zum gesunden, langen Leben macht Ihnen zu schaffen.

Sensenmann: Natürlich! Früher bestand die menschliche Existenz aus drei Phasen: Kindheit, Erwachsener, Greis – dann ab in den Holzpyjama. Jetzt will man es hintenraus unnötig in die Länge ziehen. Aber kennen Sie eine Netflix-Serie, die nach drei Staffeln besser wird?

Psychiaterin: Ich nehme an, dass Sie in der Tod GmbH aufgrund der Nichterreichung der Sterbeziele unter Druck stehen.

Sensenmann: Und wie! Ich will Ihnen die letzten Power-Point-Folien des Sterbe-Forecast gar nicht zeigen. Ich liege in meiner Region 27,3 Prozent unter den Erwartungen. Meine scharfe Sense wird immer mehr zum stumpfen Gurkenschäler. Über kurz oder lang werden die meine Filiale in Konkurs schicken. Dabei gehöre ich als Sensenmann sowieso schon zu einer aussterbenden Spezies.

Psychiaterin: Herrscht im Jenseits jetzt auch ein Fachkräftemangel?

Sensenmann: Nein, aber in der Tod GmbH wurde eine Quotenregelung eingeführt. Mindestens 50 Prozent der Hausbesuche müssen von Sensenfrauen abgehalten werden. Man belächelt mich im Jenseits als alter schwarzer Jutesack. Fürs Murtal ist jetzt sogar ein transsexueller Sensenmann zuständig.

Psychiaterin: Wie?

Sensenmann: Der war im Paradies jahrelang ein fideler Erzengel. Bis er gemerkt hat, dass er sich in dieser Rolle nicht wohlfühlt. Jetzt ist er so wie ich ein Unterwelt-Taxler.

Psychiaterin: Was ist das schon wieder?

Sensenmann: So nennt man informell den Sensenmann – Unterwelt-Taxler. Sie können mich aber auch Endstationsdirektor oder Urnenflüsterer nennen. Im Jenseits sind überhaupt derzeit alle ganz „woke" unterwegs.

Psychiaterin: Das heißt, es gibt divers besetzte Engelschöre, die alle Seelengruppen vertreten? (Psychiaterin lächelt.)

Sensenmann: Machen Sie sich nur lustig! Das Jenseits steht am Kopf. Der frisch Hingeschiedene sitzt nicht mehr im Fegefeuer, sondern auf einer Wärmepumpe. Im Himmel gibt es jetzt nur noch biologisch abbaubare Heiligenscheine, angestrahlt von Energiesparlampen, und der Weg in den Hades führt nicht über einen Fluss, sondern über einen Regenbogen, damit sich die LBGTQ+-Verstorbenen inkludiert fühlen.

(Der Sensenmann fängt zu weinen an.)

Ich komm da einfach nicht mehr mit …

Die Psychiaterin durchsucht vergeblich ihre Laden.

Psychiaterin: Warten Sie einen Augenblick, ich hole Ihnen von draußen ein Taschentuch.

Die Psychiaterin verlässt die Praxis.

Sensenmann (zu sich): Ich will so nicht mehr weitermachen!
Die kann mir ja auch nicht helfen.

Der Sensenmann steigert sich immer mehr in sein Schluch-
zen hinein.

Sensenmann: Mir reicht´s!

Der Sensenmann zieht aus seiner Kutte eine Pistole und
hält sie gegen seine Schläfe. Die Psychiaterin betritt wieder
die Praxis.

Psychiaterin: Herr Sensenmann … Nein, lassen Sie das!
Nehmen Sie sofort die Waffe runter!
Sensenmann: Aber warum!

Die Psychiaterin stürzt auf ihn zu.

Psychiaterin: Sie müssen sich doch nur ein wenig anpassen –
auch mal auf den Zug der Zeit aufspringen!
Sensenmann: Ich lege mich lieber vor den Zug der Zeit und
lass mich überrollen.
Psychiaterin: Das dürfen Sie nicht! Der Tod darf auf keinen
Fall sterben!
Sensenmann: Aber wieso? Sagen Sie mir zehn gute Gründe,
wieso!
Psychiaterin: Reichen zwei?
Sensenmann: Hören Sie auf, witzig zu sein, ich brauche Argu-
mente, weshalb ich mir nicht sofort mein Licht ausblase!

Die Psychiaterin kniet sich vor den Sensenmann und bettelt ihn an. Er hält weiterhin die Pistole an seine Schläfe.

Psychiaterin: Weil so viele Menschen von Ihnen abhängig sind. Wenn Sie tot sind, werden ganze Branchen vernichtet. Die Bestatter, die Steinmetze, die Friedhofssänger – die pilgern dann im Trauermarsch zum AMS. Was machen wir mit dem Überschuss an Urnen?

Sensenmann: Nach Mallorca schicken und Strohhalme reinstecken. Es gibt sicher ein paar Deutsche, die daraus Sangria saufen.

Psychiaterin: Sehr gut, Sie versuchen es mit Ironie. Humor ist der erste Schritt zur Selbstheilung. Herr Sensenmann, ohne Ihre Arbeit müsste in Ihrem Betreuungsgebiet jeder Mensch unendlich oft Geburtstag feiern. Damit die ganzen Kerzen darauf Platz finden, wären die burgenländischen Geburtstagstorten irgendwann so groß wie ein niederösterreichischer Kreisverkehr. Ohne Tod wird auch niemand mehr in Jois heiraten, denn der Standesbeamte müsste zu den Paaren sagen: „Ihr bleibt Mann und Frau, bis nichts euch scheidet!" Stellen Sie sich das vor! Man führt dann mit dem Partner bis in Ewigkeit Diskussionen, wie man den Geschirrspüler einräumt. Die Ewigkeit ist außerdem unfassbar langweilig. Unendlich oft Haare waschen, Zähne putzen, Nägel schneiden. Wer will das? Außer die Kosmetikindustrie. Ohne Ihre Arbeit gäbe es unendlich oft Weihnachtsabende im Kreise der Familie. Mit den drei immer selben Gesprächsthemen: Wetter, Nachbarn, Rabattmarken. Unendlich oft würde man sich von der Schwiegermutter den Satz anhören müssen: „Vielleicht ist das dieses Mal mein letztes Weihnachten."

Und am allerschlimmsten, der würde nie stimmen! Wissen Sie, wer sich als Einziger über den Tod des Todes freuen würde? Die ÖVP. Denn dann gibt es ganz sicher keine Erbschaftssteuern.

Der Sensenmann nimmt die Pistole von der Schläfe.

Sensenmann: Ich muss schon sagen, Sie sind mit Ihrem Überzeugungsversuch wirklich sehr engagiert …
Psychiaterin (unterbricht): Es wäre eine Katastrophe, wenn kein Mensch mehr stirbt und ständig neue nachkommen – ich finde doch jetzt schon im 22. Bezirk keinen Parkplatz.
Sensenmann: Was interessiert Sie der 22. Bezirk?
Psychiaterin: Also … ich wohne in der Seestadt Aspern. Ihr Tod würde mich ganz persönlich treffen.
Sensenmann (denkt nach): Dann weiß ich, wie Sie mir helfen könnten …
Psychiaterin: Wie?
Sensenmann: Machen wir aus diesem kleinen privaten Termin einen beruflichen.

Die Psychiaterin flüchtet zur Tür. Der Sensenmann geht langsam auf sie zu.

Psychiaterin: Nein, bitte nicht jetzt … ich habe heute noch zwei Klienten … außerdem habe ich gestern eine Haltbarmilch gekauft, wenn ich gewusst hätte, dass Sie heute kommen, hätte doch eine normale Milch gereicht … und übermorgen habe ich Theaterkarten für „Jedermann" … da spielen Sie übrigens mit! Ich finde, da sollten Sie die Hauptrolle bekommen … der Jedermann wird im „Jedermann" total überbewertet … ich flehe Sie an …!

Der Sensenmann bleibt stehen.

Sensenmann: Okay, ich lasse Sie am Leben, aber nur, wenn
Sie mir einen Ausweg zeigen!
Psychiaterin: Mach ich! Bitte nehmen Sie einmal Platz. Ich
habe eine Idee.
Sensenmann: Antidepressiva?
Psychiaterin: Ja, aber homöopathische!

Die Psychiaterin kramt in einer Lade und holt einen Joint
heraus.
Der Sensenmann legt sich wieder auf die Couch.

Psychiaterin: Bitte schön! Einfach anzünden und rauchen.
Sensenmann: Und damit krieg ich Neukunden?
Psychiaterin: Nein, aber damit ist es Ihnen egal, dass Sie kei-
ne kriegen.

Der Sensenmann beginnt zu rauchen.

Sensenmann: Nicht schlecht …
Psychiaterin: Nur bitte keine Lungenzüge. Rauchen kann
tödlich sein. Übrigens, ich habe auch noch einen beruf-
lichen Vorschlag für Sie.
Sensenmann: Und was?
Psychiaterin: Eine Umschulung.
Sensenmann: Wie?
Psychiaterin: Sie könnten hier als Lebensberater arbeiten.
Schau'n Sie, meine Praxis ist nur Montag, Mittwoch und

Freitag von mir besetzt. Am Dienstag und am Donnerstag könnten Sie mich vertreten.

Sensenmann: Warum ich?

Psychiaterin: Weil niemand besser als Sie den Menschen Lebensfreude vermitteln kann! Sie erinnern alle meine Klienten an die wichtige Maxime: „Nutze deine Zeit, bevor ich anklopfe!"

Sensenmann: Das stimmt … also einen Versuch könnte ich mir …

Psychiaterin: Wissen Sie was? In zwei Minuten kommt der nächste Patient. Ein Neukunde. Wie wär's, wenn Sie es gleich einmal versuchen!

Sensenmann: Jetzt gleich?

Die Psychiaterin verlässt die Praxis. Der Sensenmann setzt sich auf den Ohrensessel und blickt in einen Akt. Es klopft an der Tür.

Sensenmann: Herein.

Klient: Grüß Gott.

Sensenmann: Ich werde es ihm ausrichten.

Klient: Wie?

Sensenmann: Egal. Nehmen Sie Platz. Ihren Namen und dann Ihren Wohnort bitte.

Klient: Also, ich bin da Schmiedl Georg und ich wohne in einem Kaff, das werden Sie nicht kennen.

Sensenmann: Wie heißt es?

Klient: Breitenbrunn am Neusiedler See.

Sensenmann: Wirklich! Also, in diesem Fall bin ich optimistisch, dass wir nur eine Sitzung brauchen werden.

DIE BIBLIOTHEK DER KRAFTLOSEN GEISTESBLITZE

Kluge Gedanken und Kinder im Ikea-Bällebad teilen ein Schicksal. Sie warten oft sehr lange darauf, abgeholt zu werden.

Wenn mir niemand zustimmt, habe ich wahrscheinlich unrecht. Wenn mir alle zustimmen, habe ich mit Sicherheit unrecht.

Es gibt Köpfe, in denen würde ich die Vernunft unter Artenschutz stellen.

Schade, dass man nicht innerhalb des eigenen Gehirns googeln kann. Vermutlich wäre meine häufigste Suchanfrage: „Wo habe ich meine Zufriedenheit hingelegt?"

Der Verkäuferlehrling beim Bäcker trägt ein Schild, auf dem steht: „Ich lerne." Dieses Schild sollte jeder Mensch tragen, und zwar ein Leben lang. Erst an der Urne hängt dann ein Schild, auf dem steht: „Ausgelernt."

Ich hätte gern für mich eine Bedienungsanleitung. Obwohl, lesen würde ich wahrscheinlich auch die nicht.

Meine Eltern kauften jedes Jahr einen größeren Wohnzimmerteppich. Vermutlich damit auch wirklich alle Familienprobleme darunter Platz haben.

Vorschlag an die Evolution: Es bräuchte eine Zunge mit eingebauter Autokorrektur, die Sätze, bevor sie den Mund verlassen, noch einmal verbessert.

Wenn auf einem Parteitag alle Delegierten zustimmend nicken, ist es
vermutlich kein Parteitag, sondern ein Gottesdienst.

Die meisten Dialoge sind in Wahrheit Monologe mit einem Zuhörer.

Wir sind gerade dabei, die Erde auf
Werkseinstellungen zurückzusetzen.

Mit Sicherheit ist Aus-der-Haut-Fahren
die ökologischste Form des Verreisens.

Von einem leeren Magen bekommt man Bauchschmerzen.
In Anbetracht mancher Mitmenschen denke ich mir, schade,
dass der Kopf nicht dieselbe Reaktion hervorruft.

Die Ärztin verschreibt mir wieder einmal einen Magenschutz.
Dabei bräuchte ich einen fürs Gehirn.

Manchmal frage ich mich, was aus den vielen Touristen geworden ist,
die mich voll der Hoffnung nach dem Weg gefragt haben.

Schade, dass man an die Lebensfreude keinen Airtag hängen kann.
Dann könnte ich sie im Bedarfsfall viel leichter wiederfinden.

Ich halte mich immer konsequent an meine Prinzipien.
Doch notfalls habe ich auch andere.

Aktualisierte Sprichwörter:
1 - Lieber einen Spatz in der Hand als eine Drohne auf dem Dach.
2 - Alle Navigationsrouten-Optionen führen nach Rom.

Wenn ich mich entspannen will, zerreiße ich meine Yogamatte.

*Liebe ist, wenn man für sein Gegenüber sogar
das Handy ausschaltet.*

*Man kann übrigens im Sitzen, im Hocken und
im Stehen komplett danebenliegen.*

Warum hat das Wort Minimalismus 12 Buchstaben?

*Die meisten Naturkatastrophen sind der Natur völlig egal.
Nach einem Erdbeben denkt sie sich nicht:
„Und wer räumt das alles zam?"*

*Seit 50 Jahren kratze ich mich, wenn es nach einem
Gelsenstich juckt. Obwohl es nachher mehr juckt.
So viel zur Frage, ob der Mensch aus seinen Fehlern lernt.*

*Multitasking bedeutet bei mir, dass ich gleichzeitig
mehrere Dinge auf später verschiebe.*

*Selbstironie sollte ein Schulfach werden. Denn Menschen, die sich
ernst nehmen, kann ich nicht ernst nehmen.*

Ich ernähre mich bereits seit 30 Jahren ab morgen gesünder.

*Ich versuche aus Fehlern von Menschen zu lernen,
die meine Ratschläge befolgt haben.*

Nach der Wahl erklärt im Fernsehen der Wahlverlierer:
„Wir hätten unsere Inhalte besser erklären sollen." Ich fürchte,
ganz im Gegenteil – das Problem ist,
dass wir die Inhalte leider verstanden haben.

Es gibt Menschen, bei denen sollte man bereits nach dem ersten
Kennenlernen sagen: „Lass uns doch Fremde bleiben."

Das Schöne am Älterwerden ist, dass Herzschmerzen von
Rückenschmerzen abgelöst werden.

Ein deutliches Zeichen gegenwärtiger Faulheit ist die Aussage „Ich
schwitze gerade wie ein Schwein!". Schweine schwitzen nicht.

DER POETISCHE WINTERGARTEN

INDIVIDUALITÄT

Ich feier Silvester am 2. Jänner
Und sing im Juli „Stille Nacht"
Ich ess mein Frühstücksei am Abend
Wenn jeder weint, bin ich's, der lacht

Beim Wandern trag ich eine Bademütze
Und spring mit Steigeisen in den See
Verteil bei meiner Scheidung Hochzeitstorte
Trink in einer Weinbar Blasentee

Um nicht in der Masse zu verschwinden
Verweil ich dort, wo niemand da
Möcht stets sein anders als die andern
Und bin dadurch erst recht vorhersehbar

ÖSTERREICHS KARRIERE-KATECHISMUS

Wenn du Beamten ein Kuvert zustreckst
Und deine Akten in den Schredder steckst

Wenn du das Strafrecht gerne ignorierst
Und lieber Festplatten stets formatierst

Wenn man deine Baulandwidmung akzeptiert
Kurz nachdem dein Neffe Bürgermeister wird

Für so viel Erfolg lautet der beste Rat inzwischen:
Lass dich einfach nicht erwischen

WEIHNACHTSFEIER ICH-AG

Auf der Weihnachtsfeier meiner Ich-AG
Ich meistens schon als Erster geh

Bevor ich eine Rede schwing
Oder mir Jingle Bells vorsing

Ich sauf drei Flaschen vom besten Sekt
Und freu mich, dass die Firma peckt

TRAUERFREUDEN

Ich weine ins Aquarium
Weshalb? Das sollte ich erwähnen
Einen Fisch warf ich zuvor hinein
Und der schwimmt in meinen Tränen

IM SHOPPINGPARK

Ich steh zwischen Takko, Tedi, Tchibo
Primark, Pepco, Palmers gibt es auch!
Müller, Action, sogar den Deichmann
Wie schön, dass ich von allen gar nichts brauch

LIEBESLIED

Die drei Säulen unserer Liebe
Ich für dich gern wiederhol
Unsere Kinder,
Die Schulden und der Alkohol

Fühlt sich das für dich
Nicht besonders gut an,
Dann such dir über Parship
Einen anderen Mann

Und ich such mir über Tinder
Eine andere Frau
Mit der ich dann wieder
Ein schirches Haus bau

Unsere Leben haben sich dann
Wieder völlig entkoppelt
Nur die Schulden und die Kinder
Die haben sich verdoppelt

Im Altersheim fragen wir uns
Hat sich das ausgezahlt?
Deswegen würd ich dir vorschlagen
Wir werden zusammen alt

IM NASSEN FEGEFEUER

Berge von Handtüchern, feucht und schwer
Die Ruhe verborgen, die Freude noch mehr
Gleitende Kinder über nasswarmen Stein
Eines davon bricht sich heut noch ein Bein

Im Becken die Laune ganz schnell vergeht
Körperkontakte, egal wo man steht
Zaghaft will ich ein paar Schritte vorrücken
Doch zuvor springt ein Bub in meinen Rücken

Mein Kopf unter Wasser, dort will ich nicht bleiben
Weil, was vor mir schwimmt, will ich nicht beschreiben
Der Bademeister am Rand ist stimmlos vom Schrei´n
Er sieht überall Menschen, doch er fühlt sich allein

Mein Gedanke beim Tragen von sieben Eistüten
Warum wollten wir damals nicht ernsthaft verhüten?
Am End schwört sich jeder, dass er nie mehr herreist
In die Hölle, die Kindertherme Lutzmannburg heißt

AUS DEM KINDERKOCHBUCH MEINES SOHNES

Mach den Kühlschrank auf
Versuch mit Fingern Wurst zu fassen
Stopf dir alles in den Mund
Und dann den Kühlschrank offen lassen

MUTPROBE EINES LIBERALEN

Zehn Bärtige verfolgen mich
Splitternackt lauf ich, so schnell ich kann
Man kann ihn wirklich nicht empfehlen
Den FKK-Urlaub in Teheran

EHRGEIZ

Die faule Sau sagt zum Leistungsschwein
Gratuliere, du wirst vor mir ein Schnitzel sein

JETZT

Am Friedhof meiner Pläne
Steh ich heut und denk daran
Dass nur ein Wort kam oft dazwischen
Und dieses lautet: irgendwann

DER AUTOR:

© Johannes Zinner

Klaus Eckel ist einer der bekanntesten Kabarettisten Österreichs. Er gewann zahlreiche Preise im In- und Ausland, unter anderem den Salzburger Stier, den Deutschen und den Österreichischen Kabarettpreis. Daneben schreibt er Kolumnen und Drehbücher und ist auch immer wieder mit seinen Programmen im ORF zu sehen.

Klaus Eckel bezeichnet sich selber als einen nachhaltigen Humoranbieter aus der Region und befindet sich als solcher in lebenslanger Ausbildung. Sein Credo lautet: „Man muss nicht alles denken, was man sagt".